NAVEGAR
É PRECISO!

Esta obra é dedicada ao visionário
empresário catarinense Júlio Tedesco,
in memoriam, idealizador e construtor
da Marina Tedesco e do Atracadouro
Barra Sul, em Balneário Camboriú, SC.
E ao advogado André Mello Filho,
parceiro em cruzeiros de ricas
descobertas.

NAVEGAR É PRECISO!

VIAJE E DESCUBRA UM MUNDO DE RIQUEZAS CULTURAIS

MOACIR PEREIRA

70

Edições 70 | São Paulo | Brasil | 2023

PREFÁCIO

Por **Vinicius Lummertz**
Secretário de Turismo de SP

O livro *Navegar é preciso! Viaje e descubra um mundo de riquezas culturais* é muito mais que um relato sobre uma viagem de duas semanas a bordo de um navio de cruzeiro pelas Ilhas Britânicas. Trata-se de uma descrição precisa de uma nova forma de explorar os quatro cantos do planeta e que tem crescido exponencialmente – o Turismo de Experiência.

CADA VEZ MAIS O VIAJANTE ATUAL DESEJA SE APROFUNDAR E ABSORVER O MÁXIMO DA CULTURA, HISTÓRIA, LITERATURA, GASTRONOMIA E ASSIM POTENCIALIZAR SUA EXPERIÊNCIA COM O TURISMO. É O QUE MOACIR FAZ E, ATÉ SEM PERCEBER, REGISTRA CADA DETALHE AUXILIADO PELA FORÇA DO HÁBITO DO OFÍCIO DE JORNALISTA QUE ACABA POR ALIMENTAR O LEITOR DE INFORMAÇÕES ACURADAS DE CADA MOMENTO DA JORNADA E, ASSIM, PRENDE A ATENÇÃO AO TEXTO.

A vívida experiência tem como pano de fundo países, como Escócia, Irlanda do Norte, República da Irlanda e Inglaterra, em um total de nove escalas. Naturalmente, os aspectos culturais e históricos e o acesso às manifestações artísticas destes destinos são contextualizados como, por exemplo, ao atracar no Porto de Le Havre, principal cidade da Normandia, situada no estuário do rio Sena, o grupo de catarinenses se viu no berço do impressionismo. O impacto da visita ao Museu de Belas Artes André Malraux, que possui a mais rica coleção do impressionismo francês e obras de artistas como Claude Monet, e conhecer os lugares onde foram criadas suas iluminadas telas ao ar livre, exemplifica bem a oportunidade que excursões dessa natureza criam de conhecer lugares onde ações, célebres figuras e suas obras se eternizaram.

Na página oposta, o navio MSC Preziosa, que inaugurou o Atracadouro Barra Sul, em Balneário Camboriú. Na foto menor, abaixo, o ex-ministro do Turismo e atual secretário de Turismo de São Paulo, Vinicius Lummertz

ALÉM DISSO, A VISÃO JORNALÍSTICA, COMO NÃO PODERIA DEIXAR DE SER, SE FAZ PRESENTE. O VOLUME E O MONTANTE DE VALORES QUE CIRCULAM, MOVIMENTANDO A ECONOMIA EM MUSEUS E GALERIAS EM FUNCIONAMENTO HÁ QUASE 200 ANOS. A VALORIZAÇÃO DESSES ATIVOS QUE FORTALECEM A IMAGEM DESSAS CIDADES COMO DESTINOS TURÍSTICOS QUE MERECEM SER VISITADOS.

Na Inglaterra, mais especificamente em Liverpool, conhecer os atrativos de uma cidade que respira música por razões óbvias – terra dos *Beatles* – mas que é capaz de surpreender com atrativos diversos e pouco difundidos.

Na Escócia, o roteiro remete a ver de perto a história de lutas heroicas pela independência e conhecer os locais de batalhas. Além do Lago Ness, a mitologia de um monstro, ver oportunidades serem geradas para a economia local com uma próspera indústria do turismo fluvial e náutico, com barcos confortáveis para atender a demanda de curiosos pela história.

ESSA VISÃO DO TURISMO COMO ATIVIDADE ECONÔMICA E SUA ESTRUTURAÇÃO NA EUROPA MERECE DESTAQUE. A OBRA DETALHA TAMBÉM O CONFORTO E O PROFISSIONALISMO A QUE O TURISTA DE CRUZEIROS TEM ACESSO, AS VANTAGENS DE SE VIVER ESSA EXPERIÊNCIA NESSE SEGMENTO. MOSTRA A PUJANÇA E O PODERIO DO MILIONÁRIO MERCADO NO MUNDO E, INCLUSIVE, O POTENCIAL BRASILEIRO PARA DESENVOLVER ESSE NICHO DA ATIVIDADE, COM DESTAQUE PARA O PRÓPRIO ESTADO DO AUTOR, SANTA CATARINA, O ÚNICO ESTADO DA FEDERAÇÃO COM CINCO PORTOS.

Vista de Liverpool à noite. A cidade tem inúmeras opções culturais, shows musicais, museus e abriga um rico patrimônio arquitetônico. Para explorar as Ilhas Britânicas, o turista precisa dispor de tempo e muito fôlego, pois a região oferece muitos locais que merecem uma parada

O relato aborda os pontos fortes da organização e preocupação de destinos europeus com a qualidade dos produtos e serviços ligados ao setor de turismo. O Brasil trabalha para evoluir dessa forma e tem alcançado avanços nesse sentido, como comprovou quando sediou grandes eventos recentes e viu de perto a satisfação dos turistas estrangeiros que vieram ao país e manifestaram intenção de retornar.

Ao folhear as páginas desta publicação, o leitor se transporta automaticamente para o Velho Continente e tem acesso, com riqueza de detalhes, às *nuances* do que representa fazer uma grande viagem e impregnar-se de conhecimento que tais deslocamentos podem oferecer.

O texto destila pitadas de conhecimento, citações de diferentes linhas de pensamentos, além de experiências prévias e vividas durante a rota. A descrição vem do experiente jornalista com vocação inarredável de meticuloso repórter que assimila todas as informações disponíveis em uma viagem, valoriza os registros históricos e a arte, seja na arquitetura, na música, ou na literatura e entende a relação próxima que tais manifestações têm com o turismo.

O mais consagrado jornalista catarinense, Moacir Pereira faz um relato fiel de tudo o que envolve uma esperada viagem em um cruzeiro marítimo. Desde a expectativa com o novo às surpresas do percurso. Faz o leitor se sentir próximo aos acontecimentos, transportar-se para os destinos citados com pensamento fértil e aguçada imaginação. Naturalmente, incentiva o leitor a correr para o computador ou para uma agência de viagens para fechar um pacote turístico semelhante.

Boa leitura, ou melhor, boa viagem!

APRESENTAÇÃO

Por *Deonísio da Silva*

Os leitores têm em mãos um novo livro do jornalista, professor e escritor Moacir Pereira, conhecido por suas colunas diárias na imprensa catarinense e pelas dezenas de livros publicados. Seus escritos, nos jornais como nos livros, recebem a atenção de milhares de leitores. E suas colunas têm milhões de visitas todos os dias.

MAS POR QUE ESCOLHEMOS PARA LER TEXTOS AVULSOS OU LIVROS DE ALGUNS AUTORES E NÃO DE OUTROS? LER E ESCOLHER SÃO PALAVRAS QUE VIERAM DO LATIM *LEGERE* E *ELIGERE,* ESTA ÚLTIMA TENDO TAMBÉM O SENTIDO DE ELEGER.

Durante mais de uma década convivi no trabalho universitário com o filósofo Nélson Mello e Souza, sobrinho de Júlio César de Mello e Souza, mais conhecido pelo pseudônimo de Malba Tahan, autor de *O homem que calculava* e de outros livros igualmente memoráveis.

E ambos comentávamos esta singularidade: seu tio nasceu e viveu no Rio de Janeiro, metrópole conhecida pela beleza de suas praias e famosas no mundo inteiro, mas situa suas histórias no Oriente Médio, no deserto, e os personagens são beduínos, odaliscas, grão-vizires etc. E viajam muito.

É um contexto bem diferente de onde o autor vivia, que viajava na imaginação e de lá voltava, para deleite dos leitores, com um mundo bem inventado. E escrito com a mesma dedicação com que fazia redações para seus colegas do Colégio Pedro II: eles podiam viajar, e ele não. Mas ele sabia escrever, e eles não.

Fachada principal da residência oficial da família real britânica, o Palácio de Buckingham foi concluído em 1850, por obra do arquiteto Edward Blore, a partir da antiga casa originalmente construída para o Duque de Buckingham, em 1703, e remodelada por Sir Aston Webb em 1913

Por que o Grupo Editorial Almedina escolheu publicar este livro inigualável e original? Por revelar o turista atencioso, de coração e olhos armados, pronto a sentir e ver para depois transmitir aos leitores o que viu e sentiu. Sabemos que às vezes é mais importante voltar do que ir.

Nossos primeiros autores foram viajantes, a começar por Pero Vaz de Caminha e a certidão de nascimento do Brasil que fez em sua famosa *Carta*. Louve-se em seu estilo o poder de observação, sobretudo. Não esquece sequer as vergonhas das índias...

Neste livro, Moacir Pereira começa por lembrar a recomendação de um professor: "Quer enriquecer, viaje, viaje muito. Se não puder viajar, leia livros, muitos livros".

Nosso autor soube unir as duas coisas: viajou e leu. E fez uma terceira, preciosa para os leitores: escreveu sobre o que viu nas viagens e deu especial atenção aos vínculos que muitos lugares têm com escritores referenciais dos lugares para onde viajou.

Vou ilustrar com um pequeno exemplo. Todos haverão de lembrar os conhecidos versos cantados no *réveillon*, mas também em despedidas, partidas e embarques: *"Adeus, amor, eu vou partir, / Ouço ao longe um clarim. / Mas, onde eu for, irei sentir / Os teus passos junto a mim"*.

Pois o original é de Robert Burns, escritor escocês, autor de 559 poemas, pai de nove filhos e que morreu aos 37 anos.

Os versos citados foram traduzidos para o português, publicados também no Brasil, e imortalizados na voz de Dalva de Oliveira e de Francisco Petrônio.

Mas por que estão neste livro? Desse e de outros segredos você saberá navegando com Moacir Pereira, que vai mostrar por que razão devemos fazer estas viagens a esses fascinantes lugares para onde ele foi e onde fez tantas descobertas que tanto têm a ver conosco e que entretanto ignorávamos.

Moacir Pereira soube referenciar os vínculos da História, da Geografia e das Artes com os lugares que visitou. E voltou com um livro a ser apreciado por todos.

Nosso autor soube unir as duas coisas: viajou e leu. E fez uma terceira, preciosa para os leitores: escreveu sobre o que viu nas viagens e deu especial atenção aos vínculos que muitos lugares têm com escritores referenciais dos lugares para onde viajou. Moacir Pereira descreve uma nova forma de viajar pelo mundo e que tem encontrado cada vez mais adeptos: o Turismo de Experiência, como mostram os registros fotográficos de Belfast, capital da Irlanda do Norte: o comércio de rua, o museu temático sobre o *Titanic*, os bares e festas ou as cervejas artesanais (na página oposta)

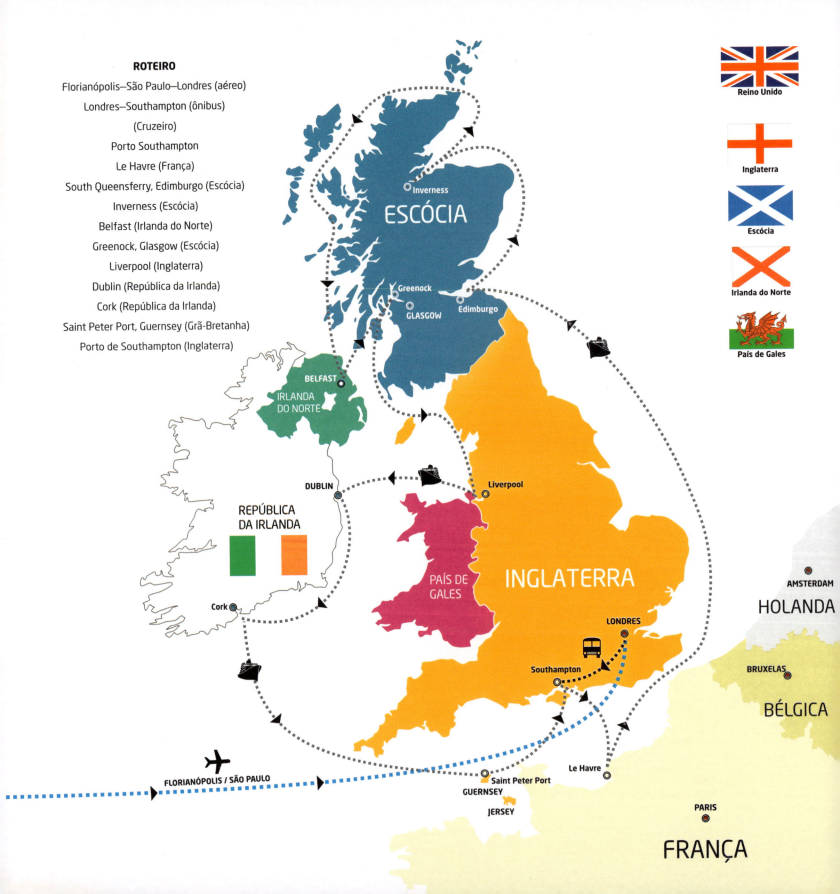

SUMÁRIO

Prefácio 5

Apresentação 9

Introdução 15

1   Um embarque de muita expectativa 37

2   O Poder da Leitura nas Viagens 45

3   O berço do impressionismo 55

4   Literatura e turismo 65

5   Vivendo a história 75

6   Lutas e conquistas 79

7   Os escritores e a segurança pública 87

8   A música enriquecendo o turismo 99

9   Educação e literatura 113

10   Tradição, pesquisa e inovação 129

11   Victor Hugo: *Os Miseráveis* 135

INTRODUÇÃO

Atribuída com frequência ao poeta português Fernando Pessoa, a frase "Navegar é preciso, viver não é preciso" tem origem, de fato, na histórica declaração do general romano Pompeu, um século antes de Cristo. Teria ele determinado aos marinheiros, no meio da grande tempestade, que rumassem para Roma, levando o trigo carregado na Sicília, África e Sardenha.

O SENTIDO ATRIBUÍDO A ESTE PODEROSO PENSAMENTO LEVA, NA PRÁTICA, À CONSCIÊNCIA DE QUE DEVEMOS TODOS VIVER A VIDA, QUE É TEMPORÁRIA, PROVISÓRIA, FINITA. ENQUANTO HÁ VIDA, NAVEGAR É PRECISO. NAVEGAR COM ALTIVEZ, FAZENDO O BEM, ENFRENTANDO FATORES ADVERSOS, TRABALHANDO, ESTUDANDO, COM SOLIDARIEDADE E CONVIVENDO FRATERNALMENTE.

O premiado escritor dinamarquês Hans Christian Andersen deixou livros infantis maravilhosos que encantaram gerações durante mais de dois séculos. Sua sentença é definitiva: "Viajar é viver".

E quando se trata de viver cada momento com ética, honestidade e fraterna convivência, nada se compara aos cruzeiros marítimos e fluviais.

Mundos novos são descobertos. E para navegar plenamente, nada melhor do que viajar. Viajar, sim e sempre, pelos mares e rios nos modernos e confortáveis navios. Fernando Pessoa já ensinava: "A vida é o que fazemos dela. As viagens são os viajantes. O que vemos não é o que vemos, senão o que somos."

Viajar é aprender, é ensinar, é semear, é desfrutar de novas amizades, ampliar os horizontes e percorrer novos caminhos.

Navios de cruzeiro: hotéis, shoppings e teatros flutuantes. "Quer enriquecer, viaje, viaje muito. Se não puder viajar, leia livros, muitos livros". Conselho do professor Manoel Lobão Queiroz

Na página ao lado, o interior dos transatlânticos. Embaixo, à esquerda, o Central Park do *Harmony of the Seas,* da Royal Caribbean

O escritor norte-americano Mark Twain deixou lições que atravessaram décadas e séculos. Uma delas enfatiza que "viajar é preciso": "Daqui a vinte anos você estará mais desapontado pelas coisas que você não fez do que pelas que você fez. Então, jogue fora as amarras, navegue para longe do porto seguro. Agarre o vento em suas velas. Explore. Sonhe. Descubra."

As viagens, todos os tipos, gêneros e recursos, foram retomadas em plena carga depois da calamidade mundial da covid-19.

Entre os setores da economia brasileira e mundial mais atingidos pela tragédia do coronavírus, foi o turismo que registrou os maiores prejuízos. Contabilizados bilhões de dólares em perdas em todos os países.

E entre as últimas atividades no campo do turismo, a mais agravada foi sem dúvida a de cruzeiros marítimos.

Um estudo realizado pela Cruise Line International Association (CLIA), em parceria com a Fundação Getúlio Vargas (FGV), revelou que nos dois anos da pandemia no Brasil as perdas foram de 71,5% no comércio varejista, de 69,6% no segmento de alimentos e bebidas, de 68,3% em transportes antes e depois dos embarques, 72,9% nos passeios turísticos e de 69,2% em hospedagem.

Nas cidades com os grandes terminais de cruzeiros marítimos, os impactos são ainda mais contundentes, pois incluem locadoras de automóveis, atividades culturais, eventos musicais, o pequeno comércio, consumo de combustíveis etc.

OS GIGANTESCOS DANOS FINANCEIROS E MATERIAIS DAS ARMADORAS SÃO CONSIDERADOS INCALCULÁVEIS, UMA VEZ QUE OS NAVIOS DE CRUZEIROS, EM SUA MAIORIA, PERMANECERAM ANCORADOS DURANTE MESES; E ALGUNS POR ATÉ DOIS ANOS, EM RAZÃO DAS RESTRIÇÕES SANITÁRIAS E OUTRAS LIMITAÇÕES DAS VIAGENS MARÍTIMAS E FLUVIAIS. O SETOR DE CRUZEIROS, CONTUDO, REVELA-SE UM DOS MAIS PROMISSORES NO SETOR TURÍSTICO, DEMONSTRANDO UMA EXTRAORDINÁRIA CAPACIDADE DE REVERSÃO DO PERÍODO DO CORONAVÍRUS.

Em primeiro lugar, a agenda de lançamento, em 2022, de 26 novos navios, com o consequente ingresso de mais 61.000 leitos, e de outros 22 navios em 2023, com capacidade para 43 mil pessoas, resultarão numa movimentação excepcional

O setor desde o reinício em julho de 2020
(pós pandemia)

Quase 100% da capacidade oceânica do CLIA projetada para estar em operação até o final de julho de 2022

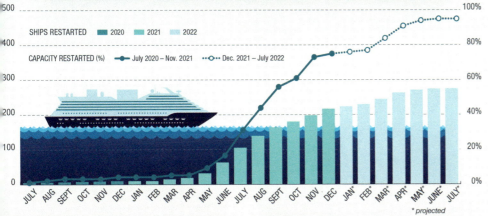

Mais de 5 MILHÕES DE PASSAGEIROS já navegaram

86 PAÍSES/MERCADOS reabertos

Source: CLIA SPI Survey, November 2021

O RETORNO ÀS VIAGENS

Com protocolos apoiados pela ciência que estão liderando todo o setor de viagens e turismo, o retorno responsável do turismo de cruzeiros foi sustentado pela colaboração com governos e especialistas em saúde pública, bem como o amor inabalável por cruzeiros entre aqueles que já fizeram cruzeiros antes.

Quase 80% dos viajantes que já viajaram antes dizem que vão viajar novamente - a mesma porcentagem de antes da pandemia.

de cruzeiristas em todo o mundo. E, naturalmente, reflexos positivos no litoral brasileiro, que já conta com a presença robusta de modernos navios da MSC e da Costa Cruzeiros.

A temporada de 2022/2023 tem previstos 184 roteiros com 780 mil leitos disponíveis para todo o semestre de navegação. Os estudos sobre a importância dos cruzeiros mostram que para cada R$ 1,00 investido são movimentados R$ 3,23 na economia nacional. Isso significa uma injeção de 1,4 trilhão de reais. Dados oficiais indicam que 323 navios de cruzeiros navegaram neste final de 2022 em todo o mundo, representando uma capacidade total de 581.200 passageiros.

Nos últimos anos, as armadoras continuam investindo na melhoria, modernização e ampliação de terminais, como se registra em Miami, Fort Laudardale, Barcelona e, sobretudo, nas ilhas do Caribe, com empreendimentos milionários para oferecer alternativas e mais conforto para os cruzeiristas no desembarque.

Gigantescos, espaçosos e largos atracadouros são construídos para atender múltiplas finalidades. Tornam mais econômicas as escalas para as empresas armadoras, com maior economia de tempo, facilidade e conforto para os pas-

Cruzeiros marítimos: a indústria de turismo que mais cresce no mundo. A temporada de 2022/2023 tem previstos 184 roteiros com 780 mil leitos disponíveis para todo o semestre de navegação. Ao mesmo tempo, é o segmento que promove a maior distribuição da renda, em razão da multiplicidade de empregos que cria e mantém

sageiros nas operações de embarque e desembarque, dispensando os "tenders", transporte feito pelos botes salva-vidas.

Há cerca de 25 anos, os navios de cruzeiro mais requisitados na disputada região do Caribe transportavam entre 1.500 e 2.000 passageiros. A Celebrity Cruise tinha unidades da linha *Mercury*, com média de 75 mil toneladas e capacidade para 1.800 passageiros.

O mais novo lançamento da Royal Caribbean, maior armadora de navios de cruzeiro, o *Wonder ofthe Seas* – por enquanto, o maior navio do mundo – integrante da classe *Oasis*, com 237.000 toneladas, conta com 18 *decks*, 2.867 cabines e pode navegar com 5.734 passageiros.

A mesma operadora mantém-se na liderança absoluta do setor, ao anunciar para 2023 seu mais ousado lançamento: o *Icon of the Seas*, com 250.000 toneladas e capacidade para 2.350 cabines, 7.600 passageiros e 2.805 tripulantes.

A empresa anuncia as maiores novidades: "Teste seus limites, escalar novas alturas e atingir velocidades máximas, com muita emoção. Esta atração exclusiva é uma aventura que abriga o maior parque aquático no mar, o Category 6, com seis toboáguas. Com queda de inclinação de 66%, é o primeiro escorregador de queda livre aberto em um navio; o Frightening Bolt, de 14 metros de altura, é o escorregador mais alto do mar; o Storm Surge e a Hurricane Hunter compõem a primeira família de *sliders* no mar com capacidade para quatro hóspedes por vez. O *Crown's Edge* parte de um percurso de cordas e um emocionante passeio, que culmina em um momento surpreendente que leva o hóspede a 48 metros acima do oceano."

Durante algum tempo, tem tudo para ser "o maior navio de cruzeiros do mundo".

A MSC Cruzeiros, que tem forte presença no mercado brasileiro, brilha com maravilhosos navios, dotados também de altíssima tecnologia e concepções arquitetônicas exclusivas. Seu último lançamento, o *MSC World Europa* tem 205 mil toneladas, com 20 *decks*, 2.633 cabines e capacidade para 6.762 passageiros.

Mares de cultura e liberdade – Na segunda metade do século passado, o professor Manoel Lobão de Queiroz costumava repetir aos alunos da Faculdade de Direito de Santa Catarina que a forma mais fácil de enriquecimento pessoal, profissional e cultural era a viagem.

Destacam-se entre os lançamentos celebrados e os que estão agendados:

- A Ambassador Cruise Line é uma nova companhia de cruzeiros e será a primeira nova linha de britânica a ser lançada desde 2010. Terá o navio *Ambience*, com 70 mil toneladas e 789 cabines.

- O *Carnival Celebration*, com 182 mil toneladas e 345 metros de comprimento, terá capacidade para 5.374 hóspedes em seus 15 *decks*.

- O *Celebrity Beyond* é a mais nova alternativa da Celebrity Cruise. Com 15 decks viajará com 3.250 passageiros.

- A Disney Cruise Linha ampliou a frota este ano com o *Disney Wish*, com 13 *decks*, 144 mil toneladas, 1.254 cabines e 4.000 passageiros.

- A MSC inaugurou o primeiro navio da classe MSC World, o *M6-SC World Europa*. Tem 205 mil toneladas em seus 22 *decks*, 2.633 cabines e capacidade para 6.762 cruzeiristas. É o primeiro navio da frota movido a Gás Natural Liquefeito.

- A Norwegian Cruise Line lançou ao mar o *Norwegian Prima*, o primeiro da nova classe de seis navios novos com 142 mil toneladas, capacidade para 3.215 passageiros. A empresa anuncia para 2023 o início de operações do *Norwegian Viva*.

- O grupo inglês P&O traz como novidade o navio *Arvia*, com 184 mil toneladas e cabines para 5.200 passageiros.

- O último lançamento da Princess, o *Discovery Princess*, navega com 3.660 passageiros distribuídos em 18 *decks*, em suas 145.000 toneladas.

- A Royal Caribbean conta com o maior número de navios de grande porte, os maiores do mundo e os de mais alta tecnologia e maior distribuição de roteiros do Planeta. Sua principal novidade no início de século é o navio *Wonder of the Seas*, o quinto da classe Oasis. Pode receber até 6.988 passageiros e 2.200 tripulantes. Tem 236.000 toneladas e 15 *decks*.

- A frota da Viking Cruises deverá ser ampliada com o anúncio de mais quatro navios novos. O *Viking Octantis* navegou ao redor da Antártica e dos Grandes Lagos, enquanto o *Viking Polaris* está agendado para o Ártico e a Antártida.

"QUER CRESCER, VIAJE, VIAJE MUITO! SE NÃO PUDER VIAJAR, LEIA LIVROS, MUITOS LIVROS!". E ALICERÇAVA A MENSAGEM, DIZENDO QUE O ÚNICO PATRIMÔNIO INACESSÍVEL AOS LADRÕES ERA E CONTINUA SENDO O CULTURAL, AQUELE APRENDIDO NAS ESCOLAS, GRAVADO NA MEMÓRIA EM VIAGENS E PRESERVADO COM LEITURAS. ROTEIROS LOCAIS, NACIONAIS E INTERNACIONAIS, SEMPRE PREVIAMENTE ESTUDADOS, COM DESTAQUE ÀS DESCOBERTAS A SEREM FEITAS, PODEM REPRESENTAR UM CARDÁPIO INSTIGANTE, SEJA PELA NATUREZA, PELA HISTÓRIA, PELA RIQUEZA ARTÍSTICA E CULTURAL OU PELAS INOVAÇÕES TECNOLÓGICAS.

Viajar de avião, de trem, ônibus ou automóvel – não importa o meio. Viajar a cavalo, de bicicleta ou motocicleta, melhor ainda. Fazer trilhas para descobrir as belezas locais, outro maravilhoso meio de descobrir a natureza e valorizar a vida.

E entre as múltiplas opções de viagem, firmei uma convicção sobre os benefícios, as descobertas e os novos mundos proporcionados pelas viagens de cruzeiros, tanto os marítimos quanto os fluviais.

Desde minha primeira experiência no Caribe no *Celebrity Century*, navio com apenas 72 mil toneladas, identifiquei as maravilhas encontradas a bordo.

São múltiplas as vantagens para quem gosta de viajar. Começa pela questão econômica: sete, doze ou quinze dias de navegação, dependendo dos roteiros, sempre por tarifas incomparáveis com o custo de hotéis, refeições, transporte, espetáculos etc.

Seguem-se outros benefícios, igualmente sem paralelo. Os cruzeiros costumam incluir vários portos em diferentes cidades. Ao contrário do que ocorre em viagens aéreas, terrestres – de carro ou de trem –, o hotel vai com o hóspede. A mala é entregue na cabine no embarque, tudo é distribuído nas gavetas, armários e prateleiras. E só na última noite as malas são refeitas para a liberação no desembarque, que segue também um sistema racional, simples e sem atropelos.

O café da manhã é livre, com várias opções, no serviço de bufê ou no restaurante luxuoso com menu especial. O almoço tem várias opções nos diferentes restaurantes temáticos, no "windjammer" ou nos múltiplos bares com diversificada gastronomia nas piscinas. O jantar é o momento mais solene dos encontros familiares e sociais para os hóspedes – quase sempre a maioria – que escolhem o restaurante principal, normalmente, com horário marcado.

> **Amigos que se interessam por cruzeiros costumam indagar por que, afinal, as pessoas optam por esta atividade turística. A revista *Cruise Travel Report* deu algumas repostas**
>
> 1. As pessoas que fazem cruzeiros são muito leais ao cruzeiro, com 92% dos cruzeiristas dizendo que vão repetir a experiência nas próximas férias.
> 2. Os cruzeiros são uma escolha de férias preferencial para famílias, especialmente aquelas com menores de 18 anos.
> 3. As crianças estão envolvidas com o processo de decisão familiar para cruzeiros mais do que para férias terrestres.
> 4. As pessoas que fazem cruzeiros são mais jovens e mais diversas do que os não cruzeiristas.
> 5. As gerações mais jovens abraçam as viagens de cruzeiro por entenderem ser melhores do que as férias terrestres, *resorts* com tudo incluído, passeios, casa de férias.
> 6. Cruzeiristas classificam as férias em navios como o melhor tipo de férias, especialmente para relaxar e fugir de todo tipo de estresse.
> 7. Um dos principais benefícios dos cruzeiros, em relação às férias terrestres, é a oportunidade de ver e fazer coisas novas.
> 8. A grande maioria dos cruzeiristas vê o cruzeiro como uma boa maneira de provar novos destinos para viagens posteriores.
> 9. A despesa média por passageiro/dia em todos os destinos foi de US$ 103,83 e a despesa média por tripulante foi de US$ 67,10 (números pré pandemia de 2019).

Terminada a reunião formal do dia, sempre nos finos e espaçosos restaurantes na popa do navio, observa-se no cassino o deslocamento dos amantes de jogos eletrônicos e de cartas até a proa para o espetáculo da noite, sempre com modernos, estonteantes e confortáveis teatros.

Fato relevante que deveria servir de exemplo – e até de treinamento – para os servidores públicos em geral: os tripulantes estão sempre prontos para servir, educados, sorridentes, disponíveis.

A ordem dentro de um navio de cruzeiro é fazer feliz o passageiro, oferecer-lhe o que houver de melhor para que a viagem seja memorável.

Importa ressaltar, também, o esquema de segurança mantido nessas viagens, no embarque inicial e durante todas as escalas, sempre com o cartão identificador para conferência fotográfica da tripulação.

Ninguém usa dinheiro a bordo. E o que existir em papel moeda vai para o cofre, junto com as jóias, no embarque. Tudo é pago com o cartão individual recebido no *check-in*. Agora, nos navios mais modernos uma nova tecnologia: uma pulseira que funciona como cartão de crédito para todas as despesas.

Cruzeiro significa segurança, comodidade, diversão, tranquilidade, economia e muita confraternização. Se contabilizados os preços da hospedagem em cabines confortáveis, das quatro refeições, dos espetáculos nos teatros, das várias piscinas, das salas de ginástica, dos bares e restaurantes temáticos, dos inúmeros espaços de recreação, além de outras atrações, não há comparativo com as despesas que se faz nas viagens tradicionais.

O tempo passa rápido para quem está numa viagem de cruzeiro, tamanho o número de atividades para os hóspedes. Desfruta-se de cada minuto. O passageiro está com familiares e amigos na piscina e meia hora depois, retornando à cabine, estará com traje passeio completo pronto para o jantar de gala. Tudo isso sem atravessar ruas, sem pedir táxi, sem espera e sem risco de assalto. E ainda tem o direito de curtir boa música no trajeto em um dos inúmeros bares e espaços coletivos. Antecipando-se ao horário, o passageiro pode até se divertir com uma boa dança.

Àqueles que criticam o pouco tempo das paradas nas cidades é importante salientar que o cruzeiro funciona como "degustação". Passar por muitas cidades de acesso mais difícil ou mais onerosas por outros meios de transporte permite que o visitante circule durante o dia e defina se vale a pena voltar. Nesse caso, de avião, de trem ou de carro, o turista poderá completar o prazer da visita em vários dias. Trata-se, também, de ótima opção de viagem para idosos, cadeirantes e pessoas com necessidades especiais. Toda a estrutura dos navios de cruzeiros marítimos está montada para atender hóspedes com alguma dificuldade. As embarcações fluviais, muito menores, não contam com a mesma infraestrutura, mas têm outras alternativas igualmente muito práticas.

CONSENSO ENTRE OS ECONOMISTAS QUE AS AUTORIDADES BRASILEIRAS AINDA NÃO ASSIMILARAM: A INDÚSTRIA DE TURISMO É A QUE PROMOVE A MAIOR DISTRIBUIÇÃO DA RENDA, PELA MULTIPLICIDADE DE EMPREGOS QUE CRIA E MANTÉM. RESPONDE POR MAIS DE 10% DO PIB DE TODO O MUNDO.

Os últimos dados revelam que existem hoje cerca de mil portos nos cinco continentes. A Ásia registra crescimento significativo, com exploração cada vez maior da costa chinesa, dotada nos últimos anos de terminais marítimos modernos e confortáveis. A Oceania também vem se destacando com diferentes roteiros na Austrália e Nova Zelândia e muitos navios fazendo escalas em cidades dos dois países. As empresas estão investindo na costa asiática dada a explosão dos mais modernos e deslumbrantes hotéis do mundo, com cassinos, em Macau, bem próxima de Hong Kong. Modernos portos foram construídos na costa da China, Vietnam, Tailândia, Japão e Taiwan.

Uma indústria fulgurante, que estima em mais de 120 bilhões de dólares o seu impacto econômico, a geração de um milhão de empregos e o pagamento de 40 bilhões de dólares em salários e gorjetas. A taxa média de crescimento nos últimos 35 anos tem sido de 7% ao ano.

A procura por informações sobre cruzeiros teve um incremento mundial excepcional nos últimos anos, o que demonstra o crescente interesse do público.

Novos lançamentos de navios de grande porte e altamente sofisticados, programados para os anos de 2022 e 2023, são o melhor indicativo da expansão desse segmento do turismo mundial.

Entre os destinos mais procurados e vendidos, destacam-se Caribe (35%), Mediterrâneo (18,3%), Europa (11,1%), Ásia (9,2%), Austrália/Nova Zelândia/Pacífico (6,1%), Alasca (4,2%) e América do Sul (2,5%).

O Caribe sempre liderou o movimento de cruzeiristas. O litoral da Flórida, a começar por Miami, Fort Lauderdale e Cabo Canaveral, possui uma logística invejável, uma infraestrutura turística sem paralelo no resto do mundo. Os turistas se deslocam facilmente, graças às opções de transporte aéreo, por conta dos modernos aeroportos, pelo número de locadoras de automóveis com preços incomparáveis, uma rede hoteleira para todas as classes sociais, bares e restaurantes para todas as idades e categorias econômicas, eventos esportivos, artísticos e culturais; enfim, um número elevado de atrativos e facilidades. E, impossível ignorar, o complexo recreativo de Orlando e Tampa, com a liderança dos disputados parques temáticos liderados pela Walt Disney World.

LEVANTAMENTOS RECENTES DA FLÓRIDA REGISTRAM MAIS DE 2.500 ESCALAS DE CRUZEIROS MARÍTIMOS, SENDO QUE MAIS DE MIL SÓ EM FORT LAUDERDALE. VINTE LINHAS DE CRUZEIROS DEVEM MOVIMENTAR 55 NAVIOS DE CRUZEIRO SÓ EM MIAMI. CAPITAL MUNDIAL DE CRUZEIROS MARÍTIMOS, MIAMI RECEBEU EM 2019 QUASE SETE MILHÕES DE PASSAGEIROS EM 20 LINHAS DE CRUZEIROS PARA CINCO DEZENAS DE NAVIOS.

O Porto de Miami representa, em cruzeiros e cargas, mais de 17 bilhões de dólares na economia da Flórida.

Por Fort Laudardale, o segundo maior porto da Flórida e do mundo, com novos terminais marítimos, passam quase quatro milhões de cruzeiristas, vindos de todo o mundo. Um sistema simples, moderno e inteligente, opera uma situação surpreendente e fácil para os passageiros: não há longas filas, o *check-in* é tranquilo e o ingresso no navio costuma exigir de 15 a 20 minutos entre a chegada com as malas – entregues etiquetadas na calçada do terminal – e a entrada no navio.

No terminal de Miami, bem próximo do centro, tem-se um sistema igualmente eficiente e com estrutura moderna e confortável, semelhante a de um aeroporto suíço. Ali, as malas são colocadas diretamente nas esteiras junto às calçadas, pelos funcionários, na chegada de táxi, uber ou outra condução.

Nos fins de semana, o cenário das principais vias entre Miami Dowtown e Miami Beach muda completamente, sendo comum estarem ancorados no porto de cinco a oito navios de grande porte, em média.

As estatísticas estão a indicar que a América do Sul tem um potencial magnífico para o crescimento dos cruzeiros. A Patagônia já conquistou um grande público, com um roteiro que desperta interesse inusitado no tradicional circuito entre Buenos Aires e Valparaíso e vice-versa, alternativa oferecida principalmente entre novembro e março.

Os principais portos de cruzeiros marítimos

	PORTO	PAÍS	MOVIMENTAÇÃO DE PASSAGEIROS
1	Port Miami	Estados Unidos	4,8 milhões
2	Port Canaveral	Estados Unidos	3,9 milhões
3	PortEverglades	Estados Unidos	3,6 milhões
4	Puerta Maya	México	3,6 milhões
5	Shanghai	China	2,8 milhões
6	Barcelona	Espanha	2,6 milhões
7	Civitavecchia	Itália	2,3 milhões
8	Nassau	Bahamas	2,0 milhões
9	Portos das Ilhas Canárias	Espanha	1,9 milhões
10	Portos das Ilhas Baleares	Espanha	1,9 milhões
11	Ilhas Virgens Americanas	Ilhas Virgens Americanas	1,7 milhões
12	Galveston	Estados Unidos	1,7 milhoes
13	Grand Cayman	Ilhas Cayman	1,7 milhões
14	Southampton	Inglaterra	1,7 milhões
15	St. Maarten	St. Maarten	1,6 milhões
16	Jamaica	Jamaica	1,6 milhões
17	Veneza	Itália	1,6 milhões
18	Marselha	França	1,5 milhões
19	Sydney	Austrália	1,3 milhões
20	Nápoles	Itália	1,3 milhões

E, no Continente, o Brasil tem características excepcionais, pela variedade e exuberância de sua extensa costa, esplêndida natureza de suas praias, mutação regional do clima, riqueza ambiental e outras atrações internacionais. Sem falar nas esplêndidas paisagens de Foz do Iguaçu, as riquezas naturais do Pantanal e a imensidão deslumbrante da Amazônia.

Tirando as maravilhas do Caribe, com seu clima invejável e verão praticamente o ano todo, o litoral brasileiro se projeta ao redor do mundo como uma das alternativas. No inverno, do Rio de Janeiro para o Sul, fenômenos climáticos que podem atrair turistas estrangeiros. No verão e nas demais estações do ano do Rio para o Norte, sol, temperaturas elevadas e atrativos naturais e históricos que poderiam manter os navios navegando durante o ano inteiro.

Fatores absurdos acabaram desestimulando as empresas de cruzeiros nos últimos anos. Os entraves vão desde a legislação jurássica aplicada aos empregados, e só vigente no Brasil, à carência de terminais decentes para escalas dos navios e à inexistência de infraestrutura turística para oferecer aos passageiros as múltiplas atividades esportivas, náuticas, culturais, artísticas e sociais que se apresentam lá fora.

* * *

Entre os estados da costa brasileira, três terminais de cruzeiros marítimos ganharam destaque nas últimas décadas. Estão localizados nos portos de Santos (605.000 passageiros), do Rio de Janeiro (mais de 300.000 passageiros) e de Salvador (150.000). As estatísticas dão uma ideia do crescimento desse segmento turístico de alguns anos para cá. O Terminal de Santos, por exemplo, registrou, em 1999, a entrada de 94.652 passageiros. No ano de 2.010, o movimento totalizou 1.120.830. E na temporada de 2019, a última antes da pandemia, 604.261.

O total de navios pulou de seis para treze e o número de escalas de 79 para 106 paradas. Nos últimos 20 anos, Santos movimentou 11.749.294 passageiros em cruzeiros marítimos.

Durante o 4° Fórum CLIA Brasil, realizado em 2022, a Diretora de operações do Concais, Sueli Martinez, detalhou planos para um novo e moderno terminal. Em conjunto com a Secretaria Nacional de Portos e Transportes Aquaviários, a Santos Port Authority, a Prefeitura de Santos e outros órgãos, o Concais – que é o atual concessionário do terminal de passageiros da cidade – planifica a mudança do espaço para uma nova área. Atualmente operando na região do Armazém 25, o terminal passaria a funcionar no Valongo, mais próximo da entrada de Santos e do Centro Histórico da cidade.

O novo Terminal de Santos, SP

O CONCAIS CONSTRUIRIA NOVAS INSTALAÇÕES QUE INCLUEM TRÊS BERÇOS EXCLUSIVOS DE 500 METROS, ATENDIDOS POR *FINGERS* - OU PASSARELAS DE EMBARQUE - DEDICADOS. O NOVO TERMINAL CONTARIA COM UM PRÉDIO TOTALMENTE NOVO, COM ANDARES DIFERENTES PARA EMBARQUE E DESEMBARQUE DE PASSAGEIROS, ALÉM DE LOJAS E ÁREAS PARA SERVIÇOS.

Teria ainda um prédio garagem, construído em área cedida pela Prefeitura de Santos. Ligado ao novo terminal por uma passarela, o espaço prevê três andares de estacionamento, com capacidade para 800 veículos, além de local para desembarque de carros e ônibus. O novo terminal também ficaria próximo a uma nova linha de VLT que está sendo construída em Santos.

O Terminal do Rio de Janeiro, no Píer Mauá, também em regime de concessão vem recebendo melhorias a cada novo ano.

Santa Catarina se destaca com um extraordinário potencial. O estado é único em desenvolvimento equilibrado, múltiplas etnias no processo de colonização regional, tem um arquipélago cultural, econômico, folclórico, artístico e social singular e exclusivo no Brasil.

Atualmente, o maior navio de cruzeiros do mundo é o *Wonder of the Seas*, da Royal Caribbean. O título, porém, em breve passará para o *Icon of the Seas* (protótipo na foto acima), da mesma armadora, cujo lançamento deverá ocorrer até o ano de 2024. Os pacotes de viagens já estão à venda desde o final de 2022 e prometem uma série de inovações para o segmento turístico

Um fabuloso mosaico geográfico, folclórico, gastronômico, étnico, cultural, industrial e econômico que se consolida com seu diversificado calendário oficial de eventos, com destaque para a Oktoberfest e suas congêneres.

É, também, o único estado com cinco portos, o que permitiria em futuro próximo, havendo conscientização dos empreendedores, incentivos legais do Poder Legislativo e vontade política dos governantes, um plano de alternância de escalas, sem um único ponto, mas uma diversidade inexistente em qualquer outra unidade da federação. Outras cidades de projeção internacional como Florianópolis e Balneário Camboriú, mesmo sem instalações portuárias, também têm potencial.

O ano de 2016 representou um passo importante no projeto de transformar Santa Catarina numa grande atração para cruzeiros marítimos, com o sonho de ter terminais de cruzeiros nos portos de Imbituba, no sul, Itajaí e Navegantes, no centro, São Francisco do Sul e Itapoá, no norte, com destaque para o Atracadouro

Barra Sul, em Balneário de Camboriú, o Terminal do Porto de Itajaí e o Trapiche de Porto Belo, os três mais importantes atualmente em uso.

Empresários visionários, liderados pelo falecido Júlio Tedesco, que já haviam instalado o maravilhoso Teleférico de Balneário Camboriú e a Marina Tedesco, inauguraram o moderno Atracadouro Barra Sul, na entrada da Barra Sul, ao lado dos principais empreendimentos turísticos do maior balneário catarinense. Em homenagem ao pioneiro, o Centro de Convenções e Eventos de Balneário Camboriu passou a se chamar Júlio Tedesco. A abertura do atracadouro se deu com uma escala do navio *MSC Prezioza*, em ato que contou com dirigentes das entidades nacionais ligadas à atividade náutica e aos cruzeiros marítimos no Brasil, além de representantes da Embratur, do governo do estado e da prefeitura municipal.

A obra é um sonho de muitos anos. Júlio Tedesco participou de concorrência pública federal e conquistou o direito de construir o atracadouro, investindo mais de dez milhões de reais. Já o Terminal de Cruzeiros de Itajaí tem permitido acesso de passageiros de média e até baixa renda, pela proximidade de embarque e desembarque aos cruzeiristas de Santa Catarina, Paraná e Rio Grande do Sul, seja pela qualidade dos navios. A MSC começou a operar com o *MSC Armonia*, enquanto a Costa Cruzeiros com o *Costa Favolosa*, o que representa uma extraordinária oportunidade para os viajantes de todas as idades.

A PUBLICAÇÃO DESTE LIVRO PRETENDE CUMPRIR MÚLTIPLOS OBJETIVOS. O PRIMEIRO DELES É RESUMIR A RIQUEZA LITERÁRIA, ARTÍSTICA E CULTURAL DAS ILHAS BRITÂNICAS, A PARTIR DE LONDRES, A CAPITAL DA INGLATERRA, PERMITINDO UM MERGULHO DE SAUDOSISMO ÀS GERAÇÕES QUE ESTUDARAM OS CLÁSSICOS INGLESES DOS SÉCULOS PASSADOS. SEGUNDO, MOTIVAR OS JOVENS À LEITURA DE PREMIADOS AUTORES DE DIFERENTES PAÍSES DAQUELES CENÁRIOS INSULARES INSUBSTITUÍVEIS NO TEATRO, NA MÚSICA, NA ARTE E NA LITERATURA. TERCEIRO, MOSTRAR AS MARAVILHAS DE UM CRUZEIRO MARÍTIMO EM TODAS AS SUAS FACILIDADES E SURPREENDENTES DESCOBERTAS. E, SOBRETUDO, SENSIBILIZAR POLÍTICOS, AUTORIDADES E EMPRESÁRIOS BRASILEIROS E CATARINENSES PARA AS OPORTUNIDADES QUE O EFERVESCENTE SETOR DE CRUZEIROS MARÍTIMOS REPRESENTA PARA A ECONOMIA, A GERAÇÃO DE EMPREGOS E O DESENVOLVIMENTO CATARINENSE E BRASILEIRO.

Brasil começa a descobrir as inúmeras vantagens de se fazer cruzeiros marítimos. O Terminal de Salvador (abaixo) é um dos que tem grande pontencial de desenvolvimento

Os cruzeiros marítimos são realizados por navios modernos, grandiosos, que circulam nos oceanos e mares; portanto, oferecendo múltiplas atrações nas escalas, como mergulhos, típica gastronomia, visitas a pontos históricos, variedade enorme de atividades náuticas, roteiros turísticos artísticos e culturais etc.

Já os cruzeiros fluviais são incomparavelmente mais restritos em relação às atividades a bordo e, sobretudo, aos espaços disponíveis e suas atrações. A rigor, o principal está nos caprichados restaurantes no *deck* da linha do mar, que oferecem café da manhã, almoço e janta. Mas não têm a multiplicidade de eventos e promoções de recreação dos novos navios. E o cardápio costuma ser inspirado na culinária de destino.

EM COMPENSAÇÃO, OS CRUZEIROS FLUVIAIS OFERECEM NA ÁSIA, NO EGITO E, PRINCIPALMENTE NA EUROPA, A OPORTUNIDADE ÚNICA DE RICAS VISITAS A GRANDIOSOS MONUMENTOS HISTÓRICOS. AS SAÍDAS, ESCALAS E CHEGADAS ACONTECEM EM CIDADES FAMOSAS, SEMPRE COM UMA GRANDE QUANTIDADE DE ATRAÇÕES, CATEDRAIS, MUSEUS, EDIFÍCIOS CENTENÁRIOS, CONSTRUÇÕES MILENARES, TEATROS DESLUMBRANTES; ENFIM, UMA PROGRAMAÇÃO AMPLA.

Operadoras de cruzeiros marítimos

1 – Royal Caribbean – 26 navios – (3.000 a 5.000 passageiros)
2 – Carnival – 24 navios – (2.000 a 5.000 passageiros)
3 – MSC Cruzeiros – 19 navios – (2.000 a 5.000 passageiros)
4 – Norwegian Cruise – 17 navios – (1.900 a 4.200 passageiros)
5 – Princess Cruise – 14 navios – (2.000 a 3.600 passageiros)
6 – Celebrity Cruise – 11 navios – (2.200 a 2.900 passageiros)
7 – Holland American – 11 navios – (1.400 a 2.600 passageiros)
8 – P & O Cruise Line – 7 navios – (1.800 a 5.000 passageiros)
9 – Cunard – Queen Mary – 3 navios – (2.500 a 3.000 passageiros)

Operadoras que vetam crianças

1 – Viking – 930 passageiros
2 – VirginVoyages – 1.700 passageiros

Operadoras de Luxo

1 – Regent Seven Seas Cruise – 5 navios (490 a 750 passageiros)
2 – Seabourn Cruise – 2 navios (440 a 600 passageiros)
3 – Silversea – 10 navios (100 a 590 passageiros)
4 – Crystal Cruise – (800 a 900 passageiros)
5 – Oceania – (680 a 1.250 passageiros)

Veleiros

1 – Windstar Cruise – 3 barcos (148 a 342 passageiros)
2 – Star Clippers – 3 barcos (166 a 227 passageiros)
3 – SeadreamYath Club – 2 barcos (112 passageiros)
4 – Paul Gauguin – 1 barbo (330 passageiros)

Na página ao lado, o Atracadouro Barra Sul, em Balneário Camboriú, considerado o melhor do Brasil. Na imagem à esquerda, logo abaixo, o visionário empresário Júlio Tedesco (*in memoriam*) a bordo de navio da MSC Cruzeiros, em escala em Santa Catarina. Abaixo, fotos do terminal de Itajaí

São várias as vantagens dos cruzeiros fluviais: os barcos, com média de passageiros entre 110 e 130, ancoram muito próximo do centro histórico das cidades, permitindo muitas vezes deslocamentos curtos a pé com guias ou em caminhadas de incomparável beleza e cenários exuberantes.

A principal operadora de cruzeiros fluviais é a Viking River Cruise, com uma respeitável frota de 76 navios, dos quais 53 com estruturas semelhantes.

Já a Uniworld Boutique River Cruise adotou uma estratégia oposta, com seus 19 navios com uma decoração luxuosa inspirada nas diferentes regiões europeias e as cabines com estilos suntuosos.

A Ama Waterways conta com 25 navios e se destaca por roteiros no rio Reno e uma paisagem assombrosa, com antigos castelos e vinhedos nas margens.

A Crystal tem cinco embarcações em sua frota na cobertura europeia, todos com acomodações luxuosas e serviço especializado com mordomos.

Para cruzeiristas vidrados na história antiga, a melhor pedida é um cruzeiro pelo rio Nilo. Há várias empresas que fazem o trajeto, com guias turísticos especializados, com visitas a extraordinários monumentos egípcios em diferentes cidades, como Luxor, onde é indispensável um passeio de "felucca", o típico veleiro egípcio, e a visita à famosa represa de Aswan.

No Brasil, um dos destaques fica no estado do Amazonas, com o conhecido navio Iberostar Grand Amazon, partindo sempre de Manaus e circulando por rios e próximo de igarapés.

MOACIR PEREIRA

35

UM EMBARQUE DE MUITA EXPECTATIVA

1

O Boeing 777-300 da TAM voava tranquilo sobre o território brasileiro e iniciava a travessia do Oceano Atlântico. Partira de Guarulhos, em São Paulo, com destino ao aeroporto de Heathrow, Londres. O voo JJ 8084 estava lotado. A bordo, um grupo de catarinenses que embarcaria naquele fim de semana para realizar um dos cruzeiros mais frequentados da Europa. O concorrido roteiro das Ilhas Britânicas, saindo de Southampton, porto de onde partiu há 105 anos o *Titanic*, a primeira e maior tragédia marítima do século passado. O roteiro previa nove escalas, passando pela Escócia, Irlanda do Norte, República da Irlanda e Inglaterra.

No centro de Londres, a Trafalgar Square domina o cenário. Opções de compras, gastronomia e espetáculos culturais

A VIAGEM IA TRANQUILA E SEM QUALQUER TURBULÊNCIA. OS TRIPULANTES JÁ HAVIAM SERVIDO O JANTAR E A PREVISÃO ERA DE TEMPO BOM EM TODA A ROTA. CONDIÇÕES IDEAIS PARA COMEÇAR UMA JORNADA QUE REPRESENTAVA UM SONHO DE DEZ ANOS. A CABINE NO NAVIO *CROWN PRINCESS*, UMA EXTERNA COM VARANDA, FORA COMPRADA EM CONDIÇÕES ESPECIAIS HÁ EXATOS DEZ MESES.

Assim, aquela viagem era aguardada com grande ansiedade e muita expectativa. Os meses, as semanas e até os dias foram contados no calendário, sempre com pesquisas sobre as cidades a serem visitadas, exibição de alguns filmes produzidos naqueles países e a audição da inconfundível música celta.

O cruzeiro começou muito antes, em casa, ouvindo os sucessos do U2, estabelecendo uma ligação instantânea com Dublin, capital da República da Irlanda. Via os espetáculos dos *Dubliners* e multiplicava o desejo de estar logo na famosa

cidade. Colocar o DVD do *The Chieftains* acelerava o pensamento sobre a riqueza dos singulares instrumentos musicais dos irlandeses. Rodava *The Secret Garden* e o pensamento sobrevoava o deslumbrante litoral, com suas exuberantes falésias.

Com os clássicos do cinema acontecia o mesmo. O mais longínquo vinha com *A Filha de Ryan*, do excepcional cineasta inglês David Lean, estrelando Robert Mitchun e Sara Miles, rodado naquelas esplêndidas paisagens praianas e montanhosas e costões inesquecíveis, retratando um dos tristes episódios da Segunda Guerra Mundial.

Tinha singular curiosidade há décadas sobre os terríveis conflitos que marcaram a guerra sangrenta entre católicos e protestantes na Irlanda do Norte. Eles estavam presentes desde o início de minha carreira jornalística, na década de 1960, como repórter e radioescuta na *Diário da Manhã*, com as notícias procedentes de Belfast, na Irlanda do Norte. Vinha logo a lembrança do excelente filme *Domingo Sangrento* ou da música *Sunday Bloody Sunday*, imortalizada na voz de Bono Vox. Ou *Em nome do pai*, estrelando o talentoso artista inglês Daniel Day-Lewis (*O Último dos Moicanos*) e Emma Thompson (vários da série *Harry Potter*).

Mais recentemente, por sugestão de amigos, o *Casa Comigo*, uma comédia romântica que revela algumas das lendas e das tradições irlandesas, embora com alguma caricatura às vezes exagerada, numa interpretação da graciosa Amy Adams.

No campo literário, os grandes escritores que conquistaram o Prêmio Nobel de Literatura como Willian Yats (1923), George Bernard Shaw (1925), Samuel Beckett (1969) e Seamus Heaney (1995) oxigenavam a mente sobre os estudos no Curso Ginasial do Colégio Catarinense. Ou os mais famosos, que remontam à formação durante a adolescência no Instituto Estadual de Educação, como Jonathan Switt (*As Viagens de Gulliver*) James Joyce (*Ulisses*) e Oscar Wilde (*O Retrato de Dorian Gray*, seu único romance), este estimulando a releitura dos criativos contos, entre eles o inesquecível "O Príncipe Feliz".

Da Escócia, sempre que o cruzeiro vinha à mente, surgiam logo filmes imperdíveis como *Braveheart (Coração Valente)*, com Mel Gibson, narrativa dramática e comovente do guerreiro que lidera um grupo de camponeses pela independência de seu país contra o domínio da Coroa Britânica, depois que a esposa é barbaramente assassinada por um nobre da Corte. Há também as produções do escocês

Sean Connery (*007*) ou de Julie Roberts. Ou as músicas de Rod Stwart, mais identificado mundialmente como cantor inglês. *Highlander – o guerreiro imortal* (1986) é outra produção imperdível que revela uma interpretação irretocável de Roxane Har, Clancy Brown e Sean Connery, com Christopher Lambert como protagonista.

No campo da literatura, como imaginar uma viagem à Escócia sem pensar em Connan Doyle, criador do famoso detetive Sherlock Holmes, ou de Robert Louis Stevenson (*A Ilha do Tesouro* e *O Médico e o Monstro*), obras marcantes e obrigatórias da juventude nos anos sessenta e setenta e leituras obrigatórias até hoje.

* * *

Durante a viagem, a ordem era relaxar pelos próximos quinze dias. Mas, a programação musical da TAM manteve a mente ligada durante quase toda a viagem. Coloquei o fone no ouvido e logo veio a primeira lembrança. Barbrara Streisand cantando *Memory*, uma de minhas melodias preferidas. A música é belíssima, qualquer que seja o instrumento usado na interpretação. E a letra, profunda. Fica mais tocante executada ao piano numa noite de luar, boa companhia e um bom vinho.

Tem uma história que a valoriza mais no contexto histórico. Foi incluída no musical *Cats* pelo excepcional compositor inglês Andrew Lloyd Weber para projetar sua paixão da época, a jovem Sarah Brightmann, que iniciava a carreira. O musical é baseado em contos do escritor inglês T. S. Eliot e disputa com *Les Misérables*, *The Phanton of the Opera* e, ultimamente, com *O Rei Leão*, o recorde mundial de exibições. Os quatro, por coincidência, foram apresentados no Teatro da Abril, em São Paulo, igualmente com grande sucesso de bilheteria.

Músicos, atores e escritores ingleses, irlandeses e escoceses, como o romancista Connan Doyle (foto menor), criador do detetive Sherlock Holmes, foram uma companhia constante nos meses que antecederam a viagem, criando o clima para o que estaria por vir durante o cruzeiro. Abaixo, cena do musical *O Rei Leão*

NAVEGAR É PRECISO! VIAJE E DESCUBRA UM MUNDO DE RIQUEZAS CULTURAIS

Repetindo uma rotina adotada em todas as viagens, antes do embarque circulei pela Livraria La Selva. Ali, ainda sob tensão nervosa, escolhi pelo título: *Nietzsche para estressados*, do escritor americano Allan Percy. A obra chamou a minha atenção por duas razões: 1. Era fundada na sabedoria de Friedrich Nietzsche, o excepcional filósofo alemão; 2. Trata do estresse, condição que tinha vivido profissionalmente.

Do começo ao fim, o livro traz uma sucessão de pílulas, de ensinamentos, de reflexões:

— Nossas carências são nossos melhores professores, mas nunca mostramos gratidão diante dos bons mestres – sentencia um dos capítulos.

Outra reflexão, sob o título "A melhor arma contra o inimigo é outro inimigo", cita o clássico *A arte da guerra*, de Sun Tzu, e tinha tudo a ver com as lutas dos professores, os acertos e equívocos das estratégias adotadas. Era a forte recordação do movimento na educação: "Se conhecer seu inimigo e a si mesmo, ainda que você enfrenta 100 batalhas, nunca sairá derrotado. Se não conhecer seus inimigos mas conhecer a si mesmo, suas chances de perder ou ganhar serão as mesmas. Se não conhecer o inimigo, nem a si mesmo, pode ter certeza de que perderá todas as batalhas".

Ideias, frases e invocações a grandes escritores que remetiam diretamente para o cenário de confronto que ficara em Santa Catarina naquele dia 13 de julho de 2011.

A leitura do livro de Allan Percy, comprado antes do embarque, foi uma grata surpresa, na tentativa de aliviar o estresse que antecedeu a viagem. Na página ao lado, cena do musical *Cats*, uma das muitas atrações oferecidas em Londres

Análises e prospecções se multiplicavam quando chego ao capítulo onze da obra, onde estão indicados os cinco passos para aumentar a autoestima. Antes de passar a página seguinte, surgiu com toda força a ideia de enviar aqueles conselhos para todos os professores catarinenses, como tônico vivificador, como um oxigênio político para as decepções que viviam naquele momento. Recomenda Allan Percy, com base na obra de Nietzsche: "Precisamos amar a nós mesmos para sermos capazes de nos tolerar e não levar uma vida errante". E indica os passos para conquistar esta realidade:

1. Viva para si mesmo, não para o mundo. As pessoas que não sabem amar a si mesmas buscam constantemente a aprovação alheia e sofrem quando são rejeitadas. Para quebrar esta dinâmica, devemos admitir que não podemos satisfazer a todos.

2. Fuja das comparações. Elas são uma importante causa de infelicidade. Muita gente tem qualidades e atributos que você não tem, mas você também possui virtudes que não estão presentes nos outros. Pare de olhar par os lados e trabalhe na construção de seu próprio destino.

3. Não busque a perfeição. Nem nos outros nem em si mesmo, já que a perfeição não existe. O que existe é uma grande margem para melhorar.

4. Perdoe seus erros. Especialmente os do passado, pois já não podem ser contornados, nem têm qualquer utilidade. Aprenda com eles, para não repeti-los.

5. Pare de analisar. Em vez de ficar penando no que deu errado, é muito melhor agir, porque isso permite aperfeiçoar suas qualidades. Movimentar-se é sinal de vida e de evolução.

Causou-me um impacto ainda maior o capítulo 99, intitulado "O amor não é consolo – é luz", em que o autor enumera os segredos de um sábio desconhecido sobre a realização de seus sonhos:

- Evite todas as fontes de energia negativa, sejam elas pessoas, lugares ou hábitos
- Analise tudo de todos os ângulos possíveis
- Desfruta a vida hoje: o ontem já se foi e o amanhã talvez nunca chegue
- A família e os amigos são tesouros ocultos - usufrua essas riquezas
- Persiga seus sonhos
- Ignore aqueles que tentarem desanimá-lo
- Simplesmente faça
- Continue tentando, por mais difícil que pareça, porque logo ficará mais difícil
- A prática leva ao aperfeiçoamento
- Quem desiste nunca ganha; quem ganha nunca desiste
- Leia, estude e aprenda tudo o que foi importante na vida
- Deseje, mais que tudo no mundo, o que você quer que aconteça
- Busque a excelência em tudo o que faz
- Corra atrás de seus objetivos - lute por eles!

Foi a síntese mais perfeita que havia encontrado sobre a mobilização dos professores, o tipo singular de cobertura jornalística que havia realizado, a rigorosa identidade com o que penso sobre a família e os amigos, e as motivações para a continuidade da dupla viagem: a viagem turística e cultural de um antigo sonho e a misteriosa viagem da vida humana.

O PODER DA LEITURA NAS VIAGENS

2

A crescente excitação de fazer um cruzeiro nas Ilhas Britânicas tinha a duração de algumas décadas. O concorrido roteiro previa embarque em Southampton, porto de onde partiu há 105 anos o Titanic, a primeira e maior tragédia marítima do século passado. O programa completo incluía nove escalas, passando pela Escócia, Irlanda do Norte, República da Irlanda e Inglaterra.

A viagem pelo Boeing 777-300 da TAM ia tranquila e sem qualquer turbulência. A cabine no navio *Crown Princess*, uma externa com varanda, fora comprada em condições especiais há exatos dez meses. Os meses, as semanas e até os dias foram contados no calendário, sempre com pesquisas sobre as cidades a serem visitadas, exibição de alguns filmes produzidos naqueles países e a audição da inconfundível música celta.

Cena do musical *O Fantasma da Ópera*, em cartaz no The Majestic Theatre, no centro de Londres

NA REALIDADE, O SONHADO CRUZEIRO COMEÇOU MUITO ANTES, EM CASA, OUVINDO OS SUCESSOS DO U2, ESTABELECENDO UMA LIGAÇÃO INSTANTÂNEA COM DUBLIN, CAPITAL DA REPÚBLICA DA IRLANDA. VIA OS ESPETÁCULOS DOS *DUBLINERS* E MULTIPLICAVA O DESEJO DE ESTAR LOGO NA FAMOSA CIDADE. COLOCAR O DVD DO *THE CHEFTAINS* ACELERAVA O PENSAMENTO SOBRE A RIQUEZA DOS SINGULARES INSTRUMENTOS MUSICAIS DOS IRLANDESES. RODAVA *THESECRETGARDEN* E O PENSAMENTO SOBREVOAVA O DESLUMBRANTE LITORAL, COM SUAS EXUBERANTES FALÉSIAS.

Com os clássicos do cinema acontecia o mesmo. O mais longínquo vinha com *A Filha de Ryan*, do excepcional cineasta inglês David Lean, estrelando Robert Mitchun e Sara Miles, rodado naquelas esplêndidas paisagens praianas e montanhosas e costões inesquecíveis, retratando um dos tristes episódios da Segunda Guerra Mundial.

Tinha singular curiosidade há décadas sobre os terríveis conflitos que marcaram a guerra sangrenta entre católicos e protestantes na Irlanda do Norte. Eles estavam presentes desde o início de minha carreira jornalística, na década de 1960, como repórter da *Diário da Manhã*, com as notícias procedentes de Belfast, na Irlanda do Norte. Vinha logo a lembrança do excelente filme *Domingo Sangrento* ou da música *Sunday Bloody Sunday*, imortalizada na voz de Bono Vox. Ou *Em nome do pai*, estrelando o talentoso artista inglês Daniel Day-Lewis (*O Último dos Moicanos*) e Emma Thompson (vários da série *Harry Potter*).

Mais recentemente, por sugestão de amigos, o *Casa Comigo*, uma comédia romântica que revela algumas das lendas e das tradições irlandesas, embora com alguma caricatura às vezes exagerada, numa interpretação da graciosa Amy Adams.

NO CAMPO LITERÁRIO, OS GRANDES ESCRITORES QUE CONQUISTARAM O PRÊMIO NOBEL DE LITERATURA COMO WILLIAN YATS (1923), GEORGE BERNARD SHAW (1925), SAMUEL BECKETT (1969) E SEAMUS HEANEY (1995) OXIGENAVAM A MENTE SOBRE OS ESTUDOS NO CURSO GINASIAL DO COLÉGIO CATARINENSE. OU OS MAIS FAMOSOS, QUE REMONTAM À FORMAÇÃO DURANTE A ADOLESCÊNCIA NO INSTITUTO ESTADUAL DE EDUCAÇÃO, COMO JONATHAN SWITT (*AS VIAGENS DE GULLIVER*) JAMES JOYCE (*ULISSES*) E OSCAR WILDE (*O RETRATO DE DORIAN GRAY*, SEU ÚNICO ROMANCE), ESTE ESTIMULANDO A RELEITURA DOS CRIATIVOS CONTOS, ENTRE ELES O INESQUECÍVEL "O PRÍNCIPE FELIZ".

Da Escócia, sempre que o cruzeiro vinha à mente, surgiam logo filmes imperdíveis, como *Braveheart (Coração Valente)*, com Mel Gibson, narrativa dramática e comovente do guerreiro que lidera um grupo de camponeses pela independência de seu país contra o domínio da Coroa Britânica, depois que a esposa é barbaramente assassinada por um nobre da Corte. Há também as produções do escocês Sean Connery (*007*) ou de Julie Roberts. Ou as músicas de Rod Stwart, mais identificado mundialmente como cantor inglês. *Heighlanger – o guerreiro imortal* é outra

O lendário The Majestic Theatre (com a peça *O Fantasma da Ópera*, em cartaz há anos), o monumento às Mulheres da Segunda Guerra e a popular praça Trafalgar, no centro de Londres

produção imperdível que revela uma interpretação irretocável de Roxane Har, Clancy Brown e Sean Connery.

No campo da literatura, como imaginar uma viagem à Escócia sem pensar em Connan Doyle, criador do famoso detetive Sherlock Holmes, ou de Robert Louis Stevenson (*A Ilha do Tesouro* e *O Médico e o Monstro*), obras marcantes e obrigatórias da juventude nos anos sessenta e setenta e leituras obrigatórias até hoje.

E como não lembrar logo do jornalista inglês Daniel Defoe, escritor que ficou imortalizado pelo extraordinário romance Robinson Crusoe, leitura obrigatória dos tempos de colégio e tema de premiados filmes.

* * *

Dentro do moderno e confortável Boeing, a ordem era relaxar ali e pelos próximos quinze dias. Mas, a programação musical da TAM manteve a mente ligada durante quase toda a viagem. Coloquei o fone no ouvido e logo veio a primeira lembrança. Barbra Streisand cantando *Memory*, uma de minhas melodias preferidas. A música é belíssima, qualquer que seja o instrumento usado na interpretação. E a letra, profunda. Fica mais tocante executada ao piano numa noite de luar, boa companhia e um bom vinho. Tem uma história que a valoriza mais no contexto histórico. Foi incluída no musical *Cats* pelo excepcional compositor inglês Andrew Lloyd Weber para projetar sua paixão da época, a jovem Sarah Brightmann, que iniciava a carreira. O musical é baseado em contos do escritor inglês T. S. Eliot e disputa com *Les Misérables*, *The Phantonofthe Opera* e, ultimamente, com *O Rei Leão*, o recorde mundial de exibições. Os quatro, por coincidência, foram apresentados no Teatro da Abril, em São Paulo, igualmente com grande sucesso de bilheteria.

* * *

Repetindo uma rotina adotada em todas as viagens, antes do embarque circulei pela livraria próxima ao saguão. Ali, ainda sob tensão nervosa, escolhi pelo título *Nietzsche para os estressados*, do escritor americano Allan Percy. A obra chamou minha atenção por duas razões: 1. Era fundada na sabedoria de Friedrich Nietzsche,

Torres de Londres e atrações no circuito turístico, como esculturas e placas de proclamação da paz, justiça e liberdade, em vários pontos da capital inglesa

Crown Princess tem quase 900 varandas e um impressionante átrio de três andares. Oferece entretenimento e opções de cuisine que garante uma experiência inesquecível cheia de descobertas fascinantes em terra

o excepcional filósofo alemão; 2. Trata do estresse, condição que tinha vivido em mais de dois meses de uma tensa cobertura jornalística.

Do começo ao fim, o livro traz uma sucessão de pílulas, de ensinamentos, de reflexões que se relacionavam com o momento vivido à época.

— Nossas carências são nossos melhores professores, mas nunca mostramos gratidão diante dos bons mestres – sentencia um dos capítulos.

Outra reflexão, sob o título "A melhor arma contra o inimigo é outro inimigo", cita o clássico *A arte da guerra*, de Sun Tzu, e tinha tudo a ver com fatos testemunhados ao longo do ano: "Se conhecer seu inimigo e a si mesmo, ainda que você enfrenta

100 batalhas, nunca sairá derrotado. Se não conhecer seus inimigos mas conhecer a si mesmo, suas chances de perder ou ganhar serão as mesmas. Se não conhecer o inimigo, nem a si mesmo, pode ter certeza de que perderá todas as batalhas".

Análises e prospecções se multiplicavam quando chego ao capítulo onze da obra, onde estão indicados os cinco passos para aumentar a autoestima. Recomenda Allan Percy, com base na obra de Nietzsche: "Precisamos amar a nós mesmos para sermos capazes de nos tolerar e não levar uma vida errante". E indica os passos para conquistar esta realidade:

1. Viva para si mesmo, não para o mundo. As pessoas que não sabem amar a si mesmas buscam constantemente a aprovação alheia e sofrem quando são rejeitadas. Para quebrar esta dinâmica, devemos admitir que não podemos satisfazer a todos.

2. Fuja das comparações. Elas são uma importante causa de infelicidade. Muita gente tem qualidades e atributos que você não tem, mas você também possui virtudes que não estão presentes nos outros. Pare de olhar para os lados e trabalhe na construção de seu próprio destino.

3. Não busque a perfeição. Nem nos outros nem em si mesmo, já que a perfeição não existe. O que existe é uma grande margem para melhorar.

4. Perdoe seus erros. Especialmente os do passado, pois já não podem ser contornados, nem têm qualquer utilidade. Aprenda com eles, para não repeti-los.

5. Pare de analisar. Em vez de ficar penando no que deu errado, é muito melhor agir, porque isso permite aperfeiçoar suas qualidades. Movimentar-se é sinal de vida e de evolução.

6. Causou-me um impacto ainda maior o capítulo 99, intitulado "O amor não é consolo – é luz", em que o autor enumera os segredos de um sábio desconhecido sobre a realização de seus sonhos:

Londres: onde a história, o antigo e o moderno convivem em perfeita harmonia

"Evite todas as fontes de energia negativa, sejam elas pessoas, lugares ou hábitos

Analise tudo de todos os ângulos possíveis

Desfruta a vida hoje: o ontem já se foi e o amanhã talvez nunca chegue

A família e os amigos são tesouros ocultos – usufrua essas riquezas

Persiga seus sonhos

Ignore aqueles que tentarem desanimá-lo Simplesmente faça

Continue tentando, por mais difícil que pareça, porque logo ficará mais difícil

A prática leva ao aperfeiçoamento

Quem desiste nunca ganha; quem ganha nunca desiste

Leia, estude e aprenda tudo o que foi importante na vida

Deseje, mais que tudo no mundo, o que você quer que aconteça

Busque a excelência em tudo o que faz

Corra atrás de seus objetivos – lute por eles!"

O BERÇO DO IMPRESSIONISMO

3

Na primeira escala do cruzeiro aguardado com tanta ansiedade, o navio atracou no porto de Le Havre, principal cidade da Normandia e que possui o maior porto francês, situada no estuário do rio Sena. Foi a mais destruída das regiões francesas durante a Segunda Guerra Mundial, justamente por sua posição estratégica em relação à Inglaterra, alvo principal dos nazistas nos dias mais sangrentos do confronto. Ali, o grupo não havia contratado o *city tour* que estava programado para quatro cidades do roteiro. Le Havre não era tão grande e a principal atração estava em Honfleur, a maravilhosa vila de pescadores e de navegadores, de onde partiu o comandante Binot Palmier de Gonneville para terminar sua rota rumo ao desconhecido em São Francisco do Sul (SC) no ano de 1504.

Restaurantes, praças e residências floridos: marca da cidade de Le Havre, cujo porto, localizado no estuário do rio Sena, é o maior da França

DECLARADA PATRIMÔNIO CULTURAL DA HUMANIDADE PELA UNESCO É CONHECIDA MUNDIALMENTE COMO O BERÇO DO IMPRESSIONISMO FRANCÊS. ALI, CLAUDE MONET, A MAIOR EXPRESSÃO DA EXTRAORDINÁRIA MANIFESTAÇÃO ARTÍSTICA, VIVEU COM A FAMÍLIA. E A PARTIR DOS ENCONTROS COM EUGENE BOUDIN, FILHO DE HONFLEUR, TEVE INCENTIVOS PARA SAIR DO ESTÚDIO E CRIAR SUAS ILUMINADAS TELAS AO AR LIVRE.

O célebre Museu de Belas Artes André Malraux possui em Le Havre a mais rica coleção do impressionismo francês.

Os catarinenses desceram do navio e embarcaram no ônibus oferecido pela Princess, que deixaria os passageiros bem no centro da cidade. No trajeto, a surpresa das ruas vazias e da ausência de veículos. Era domingo. O coletivo parou

Na página oposta, flagrantes do Porto de Southampton. Na imagem maior, ao lado, a famosa Proclamação de Charles De Gaulle, em Le Havre. Abaixo, esculturas criativas e vazadas, na artística e histórica Honfleur, em território francês

na Praça General De Gaulle, bem na frente do monumento Le Vulcano, o vulcão, ideia e projeto arquitetônico do arquiteto brasileiro Oscar Niemeyer, que ali tem direito a uma reveladora homenagem de uma praça central. É um dos mais visitados pontos turísticos da cidade. Um conjunto que mescla o simples e o poderoso, com formas curvas, todo pintado de branco.

O monumento, por fora, tem linhas simples e não chega a se identificar com as arrojadas concepções arquitetônicas das maravilhas construídas em Brasília. Mas trata-se de uma obra histórica, idealizada para se transformar num marco do pós-guerra. Em seu interior, sala de exposições e projeções e várias instalações percorridas por um corredor em caracol.

Uma enorme placa de bronze, fixada sobre um granito irregular, chama a atenção para o lado oposto ao monumento, onde se descortina a visão de um belíssimo canal que leva ao mar. O texto assinado pelo general Charles De Gaulle se referia à batalha contra os nazistas na França, que tinha sido perdida, mas que eles venceriam a guerra. Está lá em destaque:

A TODOS OS FRANCESES

A França perdeu uma batalha!
Mas a França não perdeu a guerra!
Os governantes em reunião resolveram capitular, cedendo ao pânico, esquecendo-se da honra, entregando o país à servidão.
No entanto, nada está perdido!
Nada está perdido, porque esta guerra é uma guerra mundial.
No universo livre, as forças imensas ainda não foram usadas.
Um dia, essas forças derrotarão o inimigo.
É necessário que a França, nesse dia, esteja presente para a vitória. Então ela recuperará sua liberdade e sua grandeza. Este é o meu objetivo, meu único objetivo!
É por isso que eu convido todos os franceses, onde quer que se encontrem, para se unirem a mim na ação, no sacrifício e na esperança.
Nossa pátria está em perigo de morte.
Lutemos todos para salvá-la!
VIVA A FRANÇA!
General de Gaulle

O pequeno grupo de catarinenses foi surpreendido pela cidade praticamente deserta naquele ponto. Sem gente nas ruas, sem táxis, sem ônibus. Um dos meus companheiros de viagem chegou a pedir a sua "carteirinha da Funai", sugerindo que aderira a um "programa de índio". O primeiro humano que surgiu fez a indicação para o transporte até Le Havre, indicando a estação ferroviária.

De repente, quando a maioria já estava desanimada e alguns imaginando ter entrado numa fria, a chegada salvadora de vários táxis. Todos com destino a Honfleur.

Uma hora depois da circulação pelo Vieux Bassin os depoimentos eram unânimes. Estavam todos deslumbrados com a visita e com as belezas encantadoras da cidade.

Era minha terceira visita. Na primeira, cobrindo missão oficial de Santa Catarina, trabalho que resultou na publicação do livro *A Primeira Viagem – o índio carijó que virou príncipe francês*. Na segunda, presente de formatura pelo bacharelado em Direito à minha filha mais moça Silvia, para, ao mesmo tempo, concluir pesquisas, visitas e entrevistas em várias cidades da Normandia, para concluir o livro, lançado em 2004.

Na pequena Honfleur, com seus oito mil habitantes, tudo é deslumbrante. Desenha-se o magnífico cenário de construções normandas de três a sete andares, coladas umas às outras, com estilos e alturas de pavimentos diferentes, mas quase sempre com a típica estrutura de madeira misturando-se com tijolo e alvenaria. É uma área em três alinhamentos retilíneos em forma de "u", abraçando barcos, veleiros e pesqueiros amarrados na pequena e histórica baia, cujas águas controladas por uma pequena eclusa mais pareciam uma imensa e tranquila piscina. Dali, o comerciante Binot Paulmier de Gonneville partiu há mais de 508 anos, corajosamente, para descobrir São Francisco do Sul, deixando a marca definitiva do cristianismo e da presença francesa em solo brasileiro.

Antes de chegar à cidade, as atenções se voltam para a Ponte da Normandia, uma imponente obra da engenharia francesa, construída sobre o rio Sena, entre 1988 e 1995, e com vão-livre de 856 metros, transformada na época em recorde mundial naquele tipo de edificação. Facilita as ligações rodoviárias de Le Havre para Harfleur, St. Adresse e la Côte d'Albâtre, à direita, e Honfleur, Deauville, Trouville e la Côte Fleurie, à sua esquerda.

A epopeia do capitão Binnot de Gauneville e o índio carijó de São Francisco do Sul que virou príncipe, em livro de 2004

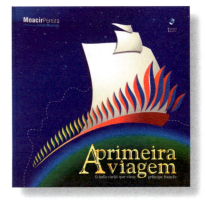

NAVEGAR É PRECISO! VIAJE E DESCUBRA UM MUNDO DE RIQUEZAS CULTURAIS

O Centro de Turismo, instalado numa casa antiga contígua a um moderno prédio de aço escovado e todo envidraçado, chama a atenção pelo contraste entre o antigo e o moderno. E por abrigar, também, a Biblioteca Municipal. Dali, numa colina distante 100 metros, vislumbra-se ao norte a torre principal da histórica igreja de São Leonardo.

Na chegada ou na saída, circulando pelas ruas estreitas, outra surpresa. Apesar da alta temporada, final de julho, não se viu nenhum congestionamento, não há aglomeração nas ruas e os milhares de turistas se distribuem pelos bares, galerias, ruas, museus e espaços públicos, numa prova definitiva de que o turismo sustentável é viável em qualquer parte do mundo.

A principal atividade econômica da vila – informa o boletim oficial da prefeitura, editado pela secretaria de turismo, de fácil acesso a todos os visitantes – continua sendo a pesca, com produção de 1.500 toneladas de peixes e crustáceos ali desembarcadas por ano. Mas seu forte está no turismo, que incrementa as artes e o comércio.

O que fica visível, porém, é o poder do dinheiro circulando pela força do turismo e pela valorização da arte ali abundante em galerias há quase 200 anos.

No Museu da Marinha, instalado em ponto estratégico, bem na beira do Vieux Bassin, onde foi construída no século XIV a Igreja de Saint-Étienne, novas atrações. É possível apreciar uma importante coleção de maquetes de barcos, de objetos de orientação náutica, de gravuras, mapas e souvenires sobre atividades do mar. Bem próximo está o Museu Etnográfico e de Arte Popular Normanda, abrigado num belíssimo conjunto de construções onde funcionou a antiga prisão. Além de peças artísticas, há um conjunto singular de cerâmica, mobiliário e artesanato da Normandia. Mais adiante, o Centro de Exposições, com indicações sobre outras atrações da região. Como a cidade de Deauville, onde Claude Lellouch transformou um enredo óbvio, de dois viúvos jovens, que produzem uma inesquecível história de amor (*Um homem e uma mulher*).

Percorrendo Honfleur, fica-se sabendo que daquele porto zarpou Binot de Gonneville com seu L'Espoir; que viveram Eugene Boudin, Claude Monet e os principais ícones do impressionismo francês; que tem a Igtreja Santa Catarina de Alexandria, construída em madeira pelos carpinteiros navais; que tem relações

Na imagem maior, a Igreja de Santa Catarina de Alexandria, em Honfleur, construída por carpinteiros navais, cujo teto tem o formado de um barco. Embaixo, o lindo altar e uma imagem surrealista de Cristo crucificado

com as histórias fantásticas de Joanna D'Arc, de Gustave Flaubert, de Jean Louis Trintagnant e Anouk Aimée, de Champlain (o descobridor do Canadá), do compositor Erik Satie e tantos outros.

Os grandes navegadores franceses do passado relatam que Içá-Mirim, o jovem carijó, filho do cacique Arosca, virou Essomericq na versão francesa, embarcou na nau Esperança, de Gonneville, para aprender artilharia na Normandia. Nunca mais voltou. Mas acabou se transformando em nobre das cortes francesas, com a decisão do capitão de transferir-lhe o nome, o brasão e todo o patrimônio da família.

Foi em Honfleur que Claude Monet, incentivado fortemente por Eugène Boudin, deixou de pintar caricaturas nos estúdios e instalou-se com seus cavaletes ao ar livre para perpetuar nas telas suas "impressões" sobre as paisagens externas, as maravilhas da luz, as variações das nuvens e as belezas da claridade.

Sobre a epopeia do índio carijó que se tornou príncipe há também uma escassa bibliografia. E nenhuma obra disponível que englobe os mais diferentes aspectos das pontes que se pode construir entre Santa Catarina e Honfleur, entre o Brasil e a França, a partir da façanha de Gonneville, como se tenta demonstrar neste trabalho.

Em 2002, o escritor Carlos da Costa Pereira Filho publicou o romance *A Viagem da Esperança*, uma obra de ficção fundamentada na "Declaração da Viagem" do capitão Binot de Gounneville e na experiência do autor como navegador. Foi premiada no concurso realizado pela secretaria de governo na gestão de Esperidião Amin.

Seu pai, o historiador Carlos da Costa Pereira, já brindara Santa Catarina com uma obra sobre a epopeia dos normandos. O estudo, intitulado *História de São Francisco do Sul*, foi reeditado pela editora da UFSC, em 1984, e ganhou uma nova edição no início de 2004. Ali constam várias preciosidades, incluindo investigações feitas sobre obras de autores nacionais e estrangeiros sobre a polêmica do descobrimento.

O principal estudo realizado no Brasil é da professora Leyla Perrone-Moisés, titular de Literatura Francesa da Universidade de São Paulo, e que lecionou na Sorbonne e na Maison de Sciences de l'Homme de Paris.

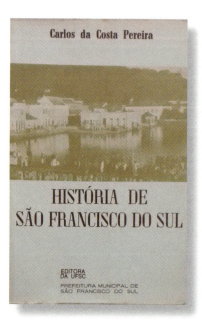

A substanciosa pesquisa mergulhou fundo nos livros e informações existentes na França e no Brasil sobre o tema. O resultado está no livro *Vinte Luas*, lançado pela editora Companhia da Letras em 1996. Apenas alguns exemplares estão disponíveis diretamente na editora ou na filial da Livraria Cultura em um shopping distante do centro de São Paulo.

Seu trabalho praticamente esgota a matéria do ponto de vista do resgate da viagem de Gonneville, seus descendentes, os usos e costumes da Normandia no século XVI e características dos dois povos. Permite um mergulho maravilhoso e revelador no túnel do tempo sobre a grande epopeia.

Outro visual majestoso da vila histórica é registrado do alto da Lieutenance, antiga fortaleza na entrada à direita do Vieux Bassin. Ali, o quadrilátero da baía é visto de outro ângulo, convidando para fotos ainda mais belas do que as tradicionalmente incorporadas às folhinhas e cartões postais. O local lembra acontecimentos importantes na vida da cidade, principalmente, o fato que mais se identifica com Santa Catarina: é o ponto zero de onde zarpou há 500 anos o comandante Gonneville. Uma enorme placa de bronze, consumida nas bordas pelo tempo, informa que daquele ponto partiu também o comandante Samuel de Champlain, em 1608, para se transformar no conquistador de Quebec e no descobridor do Canadá.

* * *

Enfim, um colar maravilhoso de joias preciosas nas atraentes, criativas e encantadoras galerias (uma rua tem mais lojas com obras de arte do que toda Florianópolis), restaurantes especializados em frutos do mar, lojas de produtos regionais.

Antes de chamar o táxi, a constatação final: uma banda com músicos da terceira idade apresentava clássicos das décadas de sessenta e setenta. Iniciativa de um grupo de estudantes franceses, em férias, procurando divulgar as tradições locais. Na coordenação, animados professores distribuindo folhetos sobre a programação cultural de Honfleur.

A mais completa pesquisa sobre a descoberta de São Francisco do Sul pelo comandante Binnot de Gouneville está no livro *Vinte Luas*, da professora Leyla Perrone-Moisés

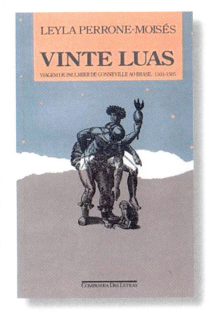

LITERATURA E TURISMO

4

Quando os catarinenses entraram no tênder do *Crown Princess*, ancorado numa baía de águas calmas do Mar do Norte, para o desembarque na vila de South Queensferry, visualizaram uma paisagem encantadora e muito peculiar. Em terra, foram recepcionados por um grupo folclórico, integrado por professores e estudantes escoceses, com animação de uma alegre e típica banda de gaita de fole. Eles davam as boas-vindas entregando um pequeno folheto sobre Edinburgo, a próxima escala do cruzeiro marítimo. Ali, há uma indagação que revela o nível profissional do turismo praticado na Escócia. O turista é instigado a responder o que há em comum entre Alexander Graham Bell (cientista, inventor do telefone), Charles Darwin (cientista, pesquisador da teoria do evolucionismo, autor de *A origem das espécies*), David Hume (filósofo, historiador, ensaísta, defensor da independência dos Estados Unidos) e Robert Louis Stevenson (novelista, poeta, ensaísta, gênio de *A Ilha do Tesouro*).

Edimburgo, na Escócia: visita da rainha Vitória deflagrou a atividade turística no país. Hoje, história, rica arquitetura, arte e cultura atraem milhares de pessoas todos os anos, num tipo de turismo ainda pouco estimulado no Brasil. Na página ao lado, o Museu dos Escritores guarda o legado de mais de 500 anos de boa educação

A RESPOSTA DIZ TUDO SOBRE A IMPORTÂNCIA HISTÓRICA QUE A ESCÓCIA VEM DANDO À EDUCAÇÃO HÁ MAIS DE 500 ANOS. TODOS ESTES NOMES MUNDIALMENTE FAMOSOS ESTÃO INSCRITOS NA GALERIA DE HONRA DOS EX-ALUNOS DA UNIVERSIDADE DE EDINBURGO, UMA DAS PRINCIPAIS INSTITUIÇÕES DO GÊNERO EM TODO O REINO UNIDO.

Incluindo os professores que lecionaram na famosa instituição, tem-se uma boa explicação sobre o nível educacional dos escoceses e a presença heroica de seu país no contexto do Reino Unido. Entre os mestres mais famosos, destaca-se Adam Schmith (1723-1790), filósofo e economista, considerado "o pai do liberalis-

mo econômico", autor da célebre obra *A Riqueza das Nações*. Começou a lecionar na Universidade de Edimburgo com apenas 25 anos. Sua imagem está imortalizada em várias homenagens na cidade, entre elas uma estátua na frente da Catedral de Santo Egídio.

Antes do tênder encostar no improvisado atracadouro – na verdade, os barcos paravam numa enorme rampa coberta de limo, pois a maré estava vazia – os passageiros de Santa Catarina ficam extasiados com uma dupla surpresa. A primeira, a monumental estrada de ferro Queensferry, construída em 1890 pela rainha Vitória, e considerada, durante décadas, uma das dez maravilhas da engenharia mundial. É, realmente, uma obra magnífica, com uma gigantesca estrutura de ferro sustentada por enormes pilares de pedra.

Mais distante, uma vista que lembra Florianópolis: uma ponte pênsil de estilo rigorosamente idêntico à Ponte Hercílio Luz que serve exclusivamente a veículos, ligando duas rodovias importantes da região.

Em terra, todos os visitantes encontram múltiplas opções de deslocamento até Edimburgo, distante nove quilômetros. Há táxis, ônibus, trem. O grupo tinha um ônibus de turismo para o tradicional *city tour*.

Nosssa guia, a venezuelana Alicia Salazar, há anos morando na Escócia e vibrante em relação à cultura regional, começa sua narrativa de quatro horas destacando a figura do famoso escritor Sir Walter Scott (1771-1832). *Ivanhoé* é uma de suas obras clássicas mais traduzidas no Brasil. Primeiro romance de enredo histórico, conta a história de um cavaleiro escocês na luta entre saxões e normandos. Virou série de TV, celebrizando Roger Moore, mais tarde um dos personagens do famoso *007*. No cinema, teve versão com Elizabeth Taylor. E virou tema de ópera com o mesmo nome.

Já na área urbana da cidade, desponta com destaque no alto de uma montanha vulcânica o lendário Castelo de Edimburgo. Tudo na cidade gira em torno do majestoso edifício histórico, incluindo as mais importantes passagens de toda a história da Escócia.

A primeira fotografia privilegia um antigo casarão onde foram filmadas passagem da série *Harry Potter*. A primeira parada, obrigatória para todas as excursões, no Carlton Hill.

A guia turística fez depois várias referências a Sir Walter Scott. Começa lembrando que Vitória, quando adolescente lia com frequência as obras do escritor escocês. Coroada rainha, muito jovem, decidiu que a primeira viagem seria à Escócia, na época um país desconhecido do Reino Unido. A valorização da paisagem típica, da indumentária e de episódios históricos narrados com talento, enriqueceram o imaginário da soberana.

A influência do escritor está presente em três citações no filme *A Jovem Rainha Vitória*, produzido em 2009, com a talentosa Emily Blunt no papel principal.

A primeira viagem acabou se transformando numa espécie de pontapé inicial para a expansão do turismo no Reino Unido. A partir dessa inédita experiência, os ingleses e seus vizinhos seguiram o exemplo.

Da primeira viagem que realizei à Edimburgo, ficaram recordações fortes, vivas até hoje. Em pleno inverno, desembarquei com minha esposa na estação central, vindo de Londres, depois de cumprir missão profissional pelos jornais *O Estado*, de Florianópolis, e *A Notícia*, de Joinville, então os dois principais matutinos catarinenses. Enquanto minha mulher cuidava da bagagem, procurei informações de um hotel central, padrão médio, diária de cem dólares. Acabei ficando num pequeno castelo, apartamento com pé-direito de cinco metros, com um restaurante típico, mobiliário escocês antigo, peças na recepção maravilhosas e uma decoração primorosa.

Nunca me esquecerei da memorável experiência. Final de novembro, amanhece muito tarde e anoitece muito cedo. Para um programa romântico, nada melhor. Bares e restaurantes fervem quando anoitece. Programação musical e cultural é permanente e variada. Nos cinco dias em que permaneci na cidade, o prato principal contava sempre com carne de carneiro, com cardápio variado e incontáveis opções gastronômicas. Assisti a um espetáculo musical inesquecível no teatro principal. A cidade ficou famosa por promover, desde 1947, o famoso Festival Internacional de Edimburgo, um dos mais completos em todo o mundo.

Na Old City tudo passa pela Royal Mile, formada por quatro vias antigas que formavam a comunicação nos tempos medievais.

A Princess Street, via comercial mais importante da cidade, não saia de minha cabeça. Ela oferece vistas belíssimas da cidade velha e do famoso Castelo.

Vista da ponte pênsil (foto menor, ao lado) que serve exclusivamente a veículos, ligando duas rodovias importantes da região; imediatamente, lembrou-me Florianópolis

NAVEGAR É PRECISO! VIAJE E DESCUBRA UM MUNDO DE RIQUEZAS CULTURAIS

Na página ao lado, o monumento a Walter Scott, esplendor do gótico no maior edifício em homenagem a um escritor em todo o mundo. À esquerda, um monumento nacional, a Catedral de Edimburgo, e Charles III a cavalo. Na imagem acima, a famosa George Heriot's School, e uma das vias principais de Edimburgo, a Princes Garden Street

Retornei ao local para conferir o Scott Monument, uma linda torre antiga, estilo gótico, com a uma escultura de Sir Walter Scott em seu interior, revestida de estatuetas esculpidas com os personagens de suas novelas.

O destaque continua sendo o imponente Castelo, situado no centro de um vulcão extinto, sintetizando a imagem de uma fortaleza, de um palácio real, de uma guarnição militar e de prisão. Abriga museus, peças de artilharia, joias da família real, a Capela de Santa Margarita e incontáveis preciosidades históricas. Ali, aconteceram os principais fatos da história de Edimburgo.

Encerrado o *city tour*, sempre em companhia de amigos que saciam a sede de arte e cultura com visitas e espetáculos raros que nunca cansam o físico porque oxigenam o espírito, fizemos algumas opções específicas, como a visita ao Castelo de Edimburgo, a passagem por uma destilaria e a compra de ingresso para assistir a uma exibição sobre o "Monstro do Lago Ness", decisão que pretendia eliminar a visita à conhecida atração turística escocesa, incluída previamente no roteiro do navio.

Hora do almoço, nossa opção não poderia ter sido melhor. Ali na charmosa Royal Mile, o encantador Deacon Brodie's Tavern, com fachada e decoração interior originais e um cardápio típico e apetitoso. Como em tantos outros bares, restaurantes e tavernas do Reino Unido e da Irlanda, no local paga-se a cerveja e o prato preferido, senta-se e depois o cliente recebe o pedido feito. A taverna leva o nome do diácono William Brodie, cuja vida dupla inspirou o escritor Robert Louis Stevenson, em sua prestigiada obra *O Médico e o Monstro* (originalmente *Dr Jekill e Mr Hyde*), que inspirou o filme lançado nos EUA em 1941, uma das refilmagens da obra de Stevenson – as anteriores foram em 1920 (filme mudo) e em 1931, longa-metragem já sonorizado, mas ainda em preto e branco. Existe ainda uma versão mais recente, rodada no Canadá (2008). Conselheiro respeitado durante o dia, Brodie liderava uma quadrilha de ladrões durante a noite até ser capturado e julgado em 1788. Foi executado em um tipo de forca idealizado por ele mesmo.

A cidade não é grande e seus habitantes são gentis e atenciosos. Informação aos visitantes é com eles. Levam o turista até o destino, se for o caso. Nem parece que tem 450 mil habitantes.

A circunstância de possuir o maior número de aristocratas da Europa talvez explique o estilo nobre de sua população, a educação de alto nível de seus filhos e o padrão cultural da maioria.

É antiga, mas se mantém atualizada, como informou um professor escocês que conhecemos enquanto tomávamos uma saborosa cerveja no Brodie. As indústrias instaladas na região de Edimburgo produzem 22% dos computadores consumidos na Europa.

Na cidade velha uma das ruas mais visitadas é a Hariot Row. Ali morou no apartamento geminado de número 17 o escritor Robert Stevenson. Mais distante, residiu durante algum tempo a famosa escritora J. K. Howling, a mais popular escocesa no mundo pela criação da série *Harry Potter*. Como não conseguia viver em paz pela demanda de visitas, pedidos de fotos e autógrafos, mudou-se para um bairro mais isolado. Continua sendo a campeã de vendas, com mais de 400 milhões de cópias vendidas em todo o mundo.

O dia preparava mais riqueza cultural para os catarinenses. O nome da famosa Hariot How é uma homenagem a George Heriot, abastado banqueiro protegido de Jacob VI e conhecido como "jingling gordie", porque vivia circulando pela cidade com os bolsos cheios de moedas. Em 1628, decidiu fundar uma escola de estilo renascentista escocês para cuidar da educação dos órfãos.

Na subida a pé, no alto de outra colina que permite visão cênica de toda Edimburgo, encontra-se a Calton Hill, o primeiro ponto de parada de todos os guias turísticos. É formada também por uma rocha vulcânica, cuja explosão tem 340 milhões de anos, conforme painel colocado na calçada de entrada.

São vários e de diferentes estilos os monumentos ali existentes. Há um estilo grego que procura reproduzir o Partenon de Atenas, homenagem aos mortos das guerras napoleônicas; o Observatório Central em forma de cruz e estilo dórico romano; o Velho Observatório no estilo de uma fortaleza gótica, reverência ao professor e arquiteto James Craig, o autor da primeira cidade velha; o Nelson Monument, desenhado pelo poeta Robert Burns em forma de um telescópio invertido, lembrando a Batalha de Trafalgar; e o Burns Monument, elegante homenagem ao poeta Robert Buns (1759-1796), filho de granjeiro que se tornou célebre por seus poemas escritos enquanto trabalhava, com temática toda voltada para o folclore regional.

A visita ao Parlament House é imperdível. Não apenas por seu estilo arquitetônico, seus vitrais e suas belíssimas esculturas presas ao teto como por outra particularidade. Dissolvido em 1707, o Parlamento se instalou em outro prédio. No antigo, funcionam os Tribunais Superiores. No Salão do Parlamento é comum ver advogados caminhando lado a lado, de uma extremidade à outra, seguidamente, analisando e discutindo os processos. A explicação: ali ninguém ouve o que estão conversando e podem chegar mais facilmente a um acordo ou a afirmação da justiça.

A Catedral de Santo Egídio (St. Giles Cathedral) é outro destaque na descida da Royal Mile, a partir do Castelo de Edimburgo. A começar pelo diferencial de seu estilo arquitetônico, com uma torre em forma de coroa aberta. Fundada em 1495, teve os primeiros quatro pilares fixados em 1.120. Santo Egídio é o padroeiro dos leprosos. O interior da maior igreja presbiteriana da Escócia é um convite à oração e à reflexão, pela beleza arquitetônica de suas linhas laterais e cobertura e pela distribuição dos espaços. Com a reforma no século XVI, foram retirados todos os santos católicos. Mas em seu interior há uma estátua de John Knox, um dos principais nomes dos protestantes, apontando para as escrituras. Sacerdote católico, viajou por diversos países e, na Suíça, esteve em Genebra, onde conviveu com Italo Calvino. Transformou-se no principal porta-voz da reforma protestante. São célebres seus sermões em defesa da nova religião, com ataques virulentos às raízes do papado.

Foram ali implantadas as bases da nova religião. A catedral não tem altar como nas catedrais católicas. Tem área destacada no centro, onde o presbítero faz suas pregações. O mais importante na Igreja Presbiteriana é a palavra. E sua prática efetiva. Justificativa: a igreja protestante não tem hierarquia. Entre seus princípios, não aceita dogma de transformação do pão e vinho no corpo e sangue de Cristo.

Outra visita imperdível em seu interior é à célebre Capela Thistle, uma riqueza artística extraordinária. É toda entalhada. Ali funcionou a Ordem do Cardo, a mais famosa ordem dos cavaleiros da Escócia. Cardo é uma flor típica da Escócia, semelhante à tulipa.

Na entrada ou na saída da catedral um monumento erguido em memória de Adam Schmith, o pai do liberalismo econômico. Uma de suas principais teses, que vale para os tempos atuais no Brasil, ensina que "a riqueza de uma nação se mede pela riqueza do povo e não pela riqueza dos príncipes."

O histórico *pub* na principal avenida de Edimburgo, a Royal Mile

Numa loja de suvenires no outro lado da Royal Mile há outro pensamento de Adam Schmith que diz: "A humanidade é virtude da mulher; a generosidade é virtude do homem."

Entre os inúmeros folhetos turísticos que se encontram em vários pontos da cidade há um que chama a atenção. E, mais uma vez, remete para as crises no Brasil: "Não é um bom cidadão aquele que não se preocupa com o bem-estar de toda a sociedade".

A melhor lição – e mais identificada com o processo educacional – foi deixada pelo escritor Robert Louis Stevenson: "O homem de sucesso é o que viveu bem, riu muitas vezes e amou bastante; que conquistou o respeito dos homens inteligentes e o amor das crianças; que galgou uma posição respeitada e cumpriu suas tarefas; que deixou este mundo melhor do que encontrou, ao contribuir com uma flor mais bonita, um poema perfeito ou uma alma resgatada; que jamais deixou de apreciar a beleza do mundo ou falhou em expressá-la; que buscou o melhor nos outros e deu o melhor de si.".

Situação curiosa ocorre em relação ao principal nome da literatura policial britânica e mundial: Arthur Conan Doyole (1859-1930). Nascido em Edimburgo e formado pela famosa universidade, ele transformou-se no personagem mais homenageado em Londres. É lá que existe uma estátua de bronze, com a clássica figura do detetive Sherlock Holmes de chapéu, capa e cachimbo. É lá também que se encontra o famoso museu em tributo ao escocês.

De acordo com o *Guiness Book of Records*, Sherlock Holmes é o personagem mais retratado no cinema, com 75 atores diferentes interpretando mais de 200 filmes. "Elementar, meu caro Watson", é expressão mundialmente consagrada, criada e atribuída ao reconhecido escritor.

O impacto popular das obras de Conan Doyle tem sido tão forte ao longo dos anos que uma pesquisa realizada em Londres revelou que 56% dos entrevistados acreditam na existência real do detetive.

NAVEGAR É PRECISO! VIAJE E DESCUBRA UM MUNDO DE RIQUEZAS CULTURAIS

VIVENDO A HISTÓRIA

5

Qualquer roteiro que se cumpra no interior da Escócia a sensação que fica é de viver a história de incontáveis lutas pela independência e as heroicas batalhas contra o domínio dos ingleses. Por isso mesmo, é múltipla a motivação das companhias de cruzeiros marítimos para incluir uma parada em Inverness, no litoral norte da Escócia. A primeira se destaca pelo magnífico visual das *Highlands* escocesas, as famosas terras altas, com panoramas indescritíveis, onde se mesclam um litoral com rochas e praias belíssimas, os imensos campos verdes com produção de cevada, as fazendas embelezadas pela criação de ovelhas, as dezenas de destilarias de uísque, o Castelo de Macbeth – projetado pela obra de William Shakespeare –, as várias fortalezas e os palácios que se espalham pela região, além do "Monstro do Lago Ness", na acolhedora cidade de Inverness. A mais cultural, contudo, está na visita aos castelos, na leitura das informações didáticas contidas em monumentos e na rica folheteria.

OS NAVIOS ATRACAM NA PEQUENA VILA DE INVERGORDON, COM APENAS 3.500 HABITANTES E CONSTITUÍDA BASICAMENTE DE UMA VIA CENTRAL. O TURISMO DE CRUZEIRO É FONTE DE RIQUEZA NO PERÍODO ENTRE ABRIL E OUTUBRO, QUANDO A COMUNIDADE RECEBE DE 4 A 6 NAVIOS POR SEMANA.

O forte da economia regional continua sendo o uísque, em gaélico, língua local, "a água da vida", produzido em inúmeras destilarias desde o século XV e só patenteado no século XIX. A Escócia exporta mais de 700 milhões de litros de uísque por ano.

Nas terras altas da Escócia as ruínas de castelos e armas antigas de repetidas lutas pela independência

Inverness tem apenas 70 mil habitantes, mas oferece uma rica e intensa programação cultural. Ao lado, o "Monstro do Lago Ness", mundialmente conhecido, é uma das lendas transformadas em atração turística na bela cidade

É ali que se encontra a desfilaria do famoso uísque Glenfiddich, vendido em 185 países. No Castelo de Urquhart, situado num dos cenários mais deslumbrantes do Lago Ness, há um estande permanente para venda com caprichadas embalagens com miniaturas, pequenas e médias garrafas.

A visita aos principais castelos é um convite a verdadeiras aulas de história sobre a luta dos escoceses contra o domínio estrangeiro, em especial, contra a Inglaterra e pela independência nacional. Há castelos conservadíssimos, todos com programas didáticos de visitas, com destaque para o Castelo Cawdor.

Os 25 quilômetros que ligam o porto de Invergordon ao Lago Ness revelam as típicas paisagens das terras altas escocesas, numa sucessão de cenários indescritíveis. No caminho, o Centro de Exibição do Lago Ness, onde são expostos documentos, informações e fotos sobre as pesquisas e fotos do lendário monstro, materializado numa escultura de cimento dentro de um pequeno lago.

Os escoceses transformaram a ficção ou a lenda do monstro na maior atração turística da região, incorporando-a aos fatos históricos registrados nos principais monumentos.

A primeira vez em que o monstro apareceu na literatura foi na obra *Vida de São Columbano*, monge que se revelou um grande estudioso e pregador cristão por toda a Europa no século VI. Somente catorze séculos mais tarde surgiram fatos mais próximos da realidade, quando o mergulhador Duncan MacDonald relatou ter visto o "fenômeno" debaixo d'água quando, contratado por uma seguradora, desceu para localizar um navio que havia naufragado no lago.

Outro relato data de 1923, quando Alfred Cruickshank avistou uma criatura com 3 metros de comprimento e dorso arqueado, fato relatado pelo jornal *Interness Courier* no dia 2 de maio. Finalmente, uma foto do monstro teve a assinatura do cirurgião R. K. Wilson, supostamente a comprovação de sua existência.

A visita à cidade de Inverness, 70 mil habitantes, situada na foz do Lago Ness, é imperdível. Ali, respira-se um clima de cordialidade, onde a população recebe os turistas com carinho e atenção. O nível de educação diz tudo: 40% da população têm nível superior.

Além de destacado centro têxtil que oferece produtos de lã de alta qualidade, tornou-se famosa também pela fabricação de gaitas de fole.

Uma próspera indústria do turismo fluvial e náutico permite passeios em confortáveis barcos pelo extenso rio Ness e pelos canais que ligam a cidade ao famoso lago.

A folhetaria turística sobre a região é um show de informações. O roteiro oficial proclama: "Próspera cidade de Inverness é coroada por um castelo cor-de-rosa com ameixas, e ricamente decorado com flores. Há uma abundância de lojas, lugares para comer e beber, áreas pacíficas perto do centro para relaxar, e uma boa variedade de lugares para ficar. É local ideal para relaxar pelo rio Ness, nas encantadoras ilhas. Há lojas de tartan, presentes para levar para casa e, de noite, circular pelas atrações da cidade. Inverness em si é pequena, compacta e fácil de se locomover. Há também muitas atrações ao redor da cidade: voltar a viver uma das mais famosas batalhas da Escócia no campo de Culloden, maravilhar-se com o espetáculo de um dos Jogos das Highlands – a cidade abriga um dos maiores do mundo –, e até mesmo ver um cardume de golfinhos brincando nas proximidades Moray Firth."

Vários filmes de ficção e de animação ajudaram a dar projeção mundial a esta atração escocesa.

LUTAS E CONQUISTAS

6

Desde a juventude a imagem que tinha da Irlanda era de um país pequeno, recheado de castelos, paisagens maravilhosas e lutas heroicas de seu povo contra o domínio inglês e pela independência. Os filmes que assisti sobre os conflitos com o Reino Britânico consolidaram as informações. Leituras de clássicos da literatura irlandesa, tornada universal, confirmaram aquelas impressões. A imaginação voava solta sobre os personagens e as paisagens descritas pelos escritores irlandeses.

A MÚSICA IRLANDESA, QUE ADMIRO HÁ MUITO, ENTROU NA LISTA DAS PREFERIDAS, EM ESPECIAL AQUELAS EM ESTILO NEW AGE COMO AS TRANQUILAS MELODIAS DE ENYA (75 MILHÕES DE DISCOS VENDIDOS, SÓ PERDENDO PARA O U2), O SECRET GARDEN, OU O SAPATEADO CRIATIVO E DISCIPLINADO DO RIVERDANCE, OU, AINDA, O FAMOSO GRUPO THE CHEFTAINS. VIERAM DEPOIS OS GRUPOS DE ROCK, SENDO DESTAQUES MUNDIAIS A BANDA U2 E THE COORS. SÃO TIDOS COMO AS MAIS IMPORTANTES, TAMBÉM, OS GRUPOS RUMJAKS, THE DUBLINERS, DROPKICK MURPHYS, O PADDY.

Na medida em que se aproximava a data do cruzeiro pelas Ilhas Britânicas aflorou na mente o noticiário predominante nas décadas de 1960 e 1970 sobre os graves e sangrentos conflitos entre católicos e protestantes. Iniciante na carreira como noticiarista, repórter e comentarista na rádio *Diário da Manhã*, hoje *CBN Diário*, espantava-me com a frequência dos fatos sangrentos ocorridos na Irlanda do Norte. Via de regra, os confrontos tinham como origem Londonderry, distante 120 quilômetros de Belfast, a capital nacional, sempre envolvendo católicos e protestantes.

SUNDAY BLOODY SUNDAY
Os manifestantes chegam ao topo da Westland Street, no Bogside, em janeiro de 1972. (Foto de Robert White, Museu de Derry). As batalhas entre católicos e protestantes ainda presentes nas ruas de Belfast: clima pesado e fúnebre até nas faixas e grafites

A expectativa era dupla: de um lado, verificar *in loco* o que tinha marcado o longo e trágico conflito religioso; de outro, conferir a musicalidade, os aspectos culturais e seu cenário cinematográfico.

Dividida em duas Irlandas, a Ilha voltou a viver clima de paz em Belfast e Londonderry após o acordo de 1998. A rixa tem séculos de existência e data principalmente de 1920, quando a Irlanda do Sul tornou-se independente e passou a se chamar República da Irlanda, enquanto a Irlanda do Norte permaneceu sob o domínio britânico. E assim continua até hoje, em função, sobretudo, da força politica dos protestantes e dos privilégios que desfrutam em relação aos católicos desde a reforma do século XVI.

O porto de Belfast, onde o navio atracou, oferece uma paisagem mesclada de armazéns antigos, que estão sendo transformados em modernas e amplas marinas e equipamentos de recreação e gastronomia; os gigantescos guindastes com a marca H&W, do famoso estaleiro Harland and Wolf, construtor do *Titanic*; e já na saída um moderno edifício que abriga o Memorial do Titanic, marcando o centenário da tragédia marítima. A concepção arquitetônica do belo prédio tem uma característica: em todos os cantos se projeta a imagem do vértice da proa de um navio.

Situação curiosa. Os irlandeses transformaram a tragédia do *Titanic* numa das principais atrações turísticas de Belfast em folhetos, memoriais, centros de exibição, filmes, fotos, pôsteres etc. – além de preservarem a gigantesca piscina artificial que abrigou o navio, antes de sua viagem triunfal e, depois, trágica.

O ônibus vai em direção à sede do Parlamento, situado no alto de uma pequena elevação inserida num imenso bosque caprichosamente ornamentado com jardins, estradas e passarelas e canteiros coloridos que formam desenhos artísticos. Para chegar até lá, percorre-se uma majestosa avenida de 1.600 metros.

O Palácio de Stormont tem uma peculiaridade. Durante a Segunda Guerra Mundial foi todo coberto de piche para evitar bombardeiros e sua destruição pela aviação nazista. Terminado o conflito, os irlandeses passaram à limpeza do belo edifício. Mas não conseguiram tirar a parte superior, que permanece até hoje como uma marca da guerra.

A primeira impressão positiva, contudo, foi logo quebrada pela passagem nas ruas centrais, cobertas de múltiplas bandeiras, símbolo principal de históricos conflitos de mais de 30 anos entre católicos e protestantes, entre legalistas pró Inglaterra e nacionalistas que queriam independência. Os protestantes gozavam de direitos e privilégios que eram negados aos católicos, que eram presos até sem culpa formada ou mandado judicial. Fatos que explicam os desentendimentos, presentes até hoje nos muros pintados com *slogans* bélicos e monumentos tétricos com nomes de mortos nos conflitos, na frente das casas ou em locais públicos.

No filme *Domingo Sangrento*, a discriminação contra os católicos e a divisão da sociedade está evidenciada em todo o enredo. Dirigido e roteirizado pelo talento do cineasta Paul Greengrass, foi filmado em Belfast, embora a tragédia tenha se registrado em Derry. Resgata o massacre ocorrido no dia 30 de janeiro de 1972, durante uma passeata em defesa dos direitos humanos, liderada pelo deputado Ivan Cooper, do Parlamento da Irlanda do Norte. Sem motivo, os soldados britânicos de um grupo de elite impediram com violência a manifestação dominical; atiraram e mataram treze irlandeses desarmados, detonando com mais radicalismo a guerra civil na Irlanda. O realismo do confronto no filme é impressionante.

Aquele domingo sangrento está imortalizado, também, em duas músicas intituladas *Sunday Bloody Sunday*: uma, de 1972, composta por John Lennon, e a mais famosa e popular na interpretação da banda irlandesa *U2*, lançada em 1983.

O clima carregado, visivelmente fúnebre, amplia-se pela presença dos muros que separam as duas comunidades religiosas e se mantém na memória da cidade, até na charmosa Great Victoria Street, uma das vias mais visitadas. Ali, está o Hotel Europa, onde se hospedavam os jornalistas estrangeiros que faziam a cobertura dos conflitos. Está no *Guiness Book of Records* como "o hotel mais bombardeado da Europa". Os irlandeses contabilizam 27 ataques. Quase na frente, o luxuoso The Crown Liquor Saloon, um típico *pub* vitoriano, excepcionalmente bem conservado, coberto de obras de arte, com colunas e portas esculpidas em madeira, vitrais maravilhoso e um lindo mosaico de uma coroa no chão da porta principal.

Guia do grupo catarinense, a gaúcha Liane Sassen, que reside há 13 anos na Irlanda, informa que o proprietário, que era um fervoroso nacionalista, desenhou a coroa britânica no chão para que qualquer visitante ou frequentador limpasse os pés nela.

Um pouco mais à frente o Grand Opera House, obra de 1894, outra atração da cidade, restaurado em gesso e madeira, com um teto coberto de macacos de ouro e aberturas sustentadas por elefantes com grandes trombas.

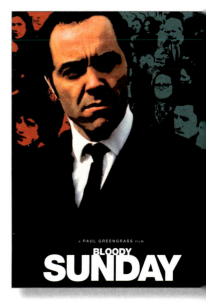

O *Domingo Sangranto*, retratado nas páginas dos jornais da época, virou filme no olhar do cineasta Paul Greengrass, que narra o massacre ocorrido em 1972, na cidade de Derry

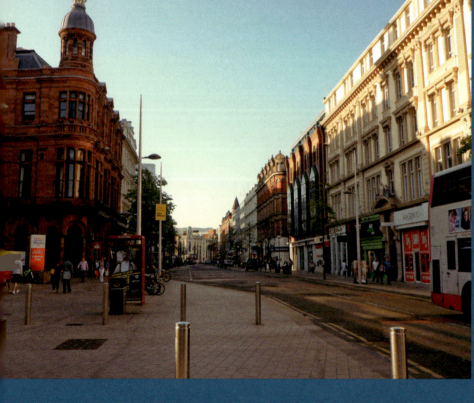

Na vista da cidade de Belfast, destaca-se o estaleiro H & W (Harland and Wolff Heavy Industries), uma das maiores empresas da indústria pesada; já construiu mais de 1.700 navios desde a sua fundação, em 1861. Uma de suas obras mais famosas talvez seja o *Titanic*, que recentemente ganhou um museu temático para registrar a tragédia ocorrida em 1912

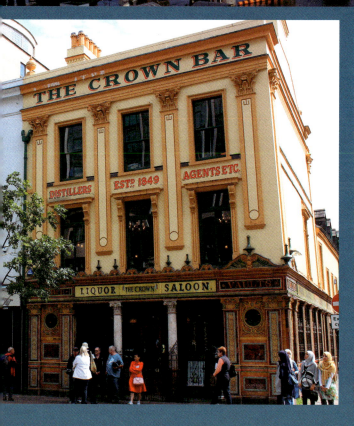

City Hall de Belfast (foto maior), a estátua do construtor do *Titanic*, Edward James Harland, fundador do estaleiro H & W, e o uísque local que compõe o típico café irlandês. Na página seguinte, a Catedral e pinturas nos muros da cidade em alusão ao Partido Unionista de Ulster, ultraconservador e anticatólico

No coração da capital, o City Hall, uma construção imponente, com uma magnífica cúpula, que se destaca entre os demais por se situar no centro de uma imensa quadra gramada e ajardinada. Entre as estátuas ao redor do belo prédio, desponta uma da rainha Vitória – ela sempre presente em todas as cidades inglesas, escocesas e irlandesas – e outra de Sir Edward Harland, o empresário que construiu o *Titanic*.

Completa-se o circuito no centro com passagem pela linda Catedral de Santa Ana, protestante, de estilo neorromânico, com seus coloridos mosaicos e símbolo da cruz celta em sua estrutura; e visita à Queens's University, a mais famosa da Irlanda do Norte, hoje com 25 mil alunos. Edifício extenso, todo em tijolos vermelhos e amarelos e torres chamativas. Ao seu redor várias cabines telefônicas e de livre acesso à internet já em 2010. Entre os alunos famosos, projeta-se o nome do poeta Seamus Justin Heaney, nascido em Londonderry e Prêmio Nobel de Literatura de 1995.

A vista mais bonita da cidade está no Belfast Castle, construção dos normandos que foi depois adaptada e, preservada, promove hoje eventos sociais e políticos. Ali, no meio de belíssimos e caprichados jardins floridos, o desafio é encontrar os oito gatos idealizados pelos construtores. Tem arbusto em forma de gato, há um pequeno gato de ferro numa lagoa, gato desenhado no piso ou gato de cerâmica.

Circular pela cidade é um agradável programa. Há modernas construções no centro, um comércio rico, variado e barato, restaurantes qualificados, casas de espetáculos, e o prazer de desfrutar das belezas nas margens do rio Lagan, que atravessa a cidade.

Na saída, fica uma sensação estranha. De um lado, o irlandês musical, afável, acolhedor. De outro, o beligerante, presente nas bandeiras, nos murais e, especialmente, na Marcha do Orangefest, evento histórico realizado todos os anos no dia 13 de julho pelos protestantes na chamada Ordem de Orange. Os integrantes do grupo desfilam com medalhas, uniformizados e com uma fita alaranjada. Tem normas radicais. Seus membros, por exemplo, não casam com católicos.

Uma foto publicada nos jornais locais é reveladora do espírito deste grupo conservador. Uma criança com uma arma na mão é o destaque principal da manifestação religiosa e política.

A Ordem de Orange foi fundada em 1785 como resposta aos avanços do nacionalismo irlandês. Seu nome é homenagem ao rei protestante da Grã-Bretanha, Guilherme III, da Casa Holandesa dos Orange. Na Irlanda, a ordem é a expressão mais consistente do Partido Unionista de Ulster e do Partido Unionista Democrático, ambos com postura anticatólica e contra a independência da Irlanda do Norte.

A literatura da Irlanda do Norte tem como destaque um escritor mundialmente famoso: Clive Staples Lewis, ou C. S. Lewis. Escreveu os sete volumes de *As Crônicas de Nárnia*. Suas obras estão editadas em 41 idiomas e totalizam 120 milhões de livros publicados. Trata-se de uma série de sete romances de alta fantasia, escrita entre 1949 e 1954, adaptada para o rádio, o teatro, a televisão e o cinema.

Na despedida da cidade, tem-se a impressão de que as divergências entre católicos e protestantes, entre monarquistas e republicanos, têm alguma semelhança com o conflito árabe-israelense e, portanto, desafiando o espírito de paz que deveria prevalecer entre membros de todas as religiões, em todas as partes do mundo.

Os católicos permanecem unidos e mobilizados para alcançarem novas conquistas, direitos iguais de convivência pacífica numa parte da ilha marcada por conflitos sangrentos.

OS ESCRITORES E A SEGURANÇA PÚBLICA

7

Qualquer roteiro que se faça em Glasgow tem como ponto de partida a antiga Catedral, uma das poucas construções católicas do século XIII, expressão do gótico escocês, preservada depois da reforma protestante. Tem tudo a ver com a história da cidade. Encontram-se ali os restos mortais de São Mungo, atraindo verdadeiras romarias de escoceses e britânicos. Ao lado, o primeiro hospital da história a prestar assistência aos mais carentes.

NO INTERIOR DA CATEDRAL DE GLASGOW HÁ PRECIOSAS RELÍQUIAS. UMA DELAS, MUITO BEM GUARDADA E PROTEGIDA POR ESPESSO VIDRO, É UM EXEMPLAR DA TRADUÇÃO COMPLETA DE UMA DAS TRÊS BÍBLIAS EM LÍNGUA INGLESA, OBRA DO REI JAMES VI. HÁ, TAMBÉM, UM ÍCONE RUSSO DO PADROEIRO.

Uma feliz coincidência da visita foi destacada por todos os catarinenses. O ano de 2011 marcava os 400 anos da primeira edição da versão autorizada da *Bible King James*. É considerada um dos maiores tesouros literários da Idade Média no idioma inglês. Tem sido amplamente aceita como um dos livros mais populares e importantes já publicados. Estima-se que mais de seis bilhões de exemplares já foram impressos, durante os 400 anos em que trouxe paz, alegria e esperança para milhões de pessoas em todo o mundo de língua inglesa.

O lema da cidade tem tudo a ver com as homenagens ao sacerdote: "Deixe Glasgow florescer pela pregação da palavra".

O Dia de São Mungo é comemorado no Ocidente em 13 de janeiro. Na Igreja Ortodoxa Oriental, a data é festejada em 14 de janeiro.

Em Glasgow, monumento em homenagem a Robert Peel: da reitoria para a política de segurança humanitária. Abaixo, exemplar da tradução completa de uma das três Bíblias em língua inglesa, obra do rei James VI

NAVEGAR É PRECISO! VIAJE E DESCUBRA UM MUNDO DE RIQUEZAS CULTURAIS

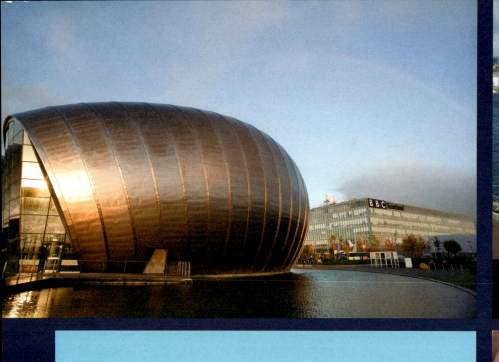

Glasvow, o poderio industrial, a modernidade do Centro de Ciências e as diversas homenagens aos seus grandes escritores, como a Walter Scott's Memorial Column, na George Square (foto maior)

A Saint Mungo's Well foi uma fonte de água fria, usada para banho em Copgrove, perto de Ripon, North Yorkshire, que realizava curas milagrosas de raquitismo.

Nas proximidades da catedral, está o Museu Religioso de São Mungo, o primeiro do mundo a se dedicar exclusivamente a temas religiosos.

* * *

Como já referido, esta primeira visita representou múltiplas surpresas. Naquela realizada à Escócia na década de 1990, após trabalho profissional em Londres, a opção inicial tinha sido Glasgow. Ouvindo jornalistas ingleses credenciados na Feira Mundial de Turismo, fui convencido a optar por Edimburgo. Um brasileiro chegou a indagar, fazendo a seguinte comparação: "Por que ir a São Paulo se você pode conhecer o Rio de Janeiro?"

Ficara durante todo este tempo a impressão de que Glasgow, maior cidade escocesa e uma das principais da Europa, era uma cidade industrial, mais fria, barulhenta, poluída e hermética.

A cidade realmente prosperou durante a revolução industrial e ali foram feitas descobertas fundamentais para o impulso da máquina a vapor. Viveu o esplendor na época do fumo e do açúcar. Entrou depois em decadência. Mas, continua charmosa, vibrante e, sobretudo, com forte presença cultural.

A paisagem no trajeto entre Greenock Ocean Terminal – onde o navio da Princess atracou – e a região central, mudou a ideia equivocada. Construções típicas no meio de muito verde, ovelhas pastando na grama linda esverdeada que mais parecia um bem cuidado campo de futebol, e modernas casas escocesas, desenhavam um cenário agradável e instigante.

A primeira impressão foi depois confirmada por outras visitas de igual impacto cultural a revelar uma cidade bonita, acolhedora, amante da cultura e com fatos históricos marcantes.

No centro de Glasgow, nada lembra sua grande população. Ao contrário, nenhum estresse, muita atividade artística e um visual que dá gosto de apreciar na George Square. Ao seu redor, mesclam-se prédios antigos, elegantes e imponentes, estilo vitoriano, com construções e lojas modernas. Entre os edifícios mais suntuosos o The Royal Theatre, o Glasgow Royal Concert Hall, o King's Theatre. Mais afastado, o famoso Helvingrove Arte Gallery and Museum, abrigando obras raras de Boticelli e Rembrandt, além de mostrar maravilhas da arte escocesa. Quer dizer: um banho artístico-cultural no coração da cidade.

Numa posição privilegiada, no alto de uma linda colina, a Universidade de Glasgow, obra do bispo William Turnbull, datada de 1451 e uma das glórias da cultura escocesa. Suas magníficas instalações mantêm o estilo característico, toda em tijolo avermelhado, com torres e colunas esplêndidas. De um de seus pátios principais tem-se uma bela vista da cidade e do rio Cleyde, que a atravessa inteiramente.

A GEORGE SQUARE MERECE UMA CURTIÇÃO ESPECIAL. SENTADOS EM SEUS VÁRIOS BANCOS, OS TURISTAS PODEM APRECIAR O MAJESTOSO CITY CHAMBERS (CÂMARA MUNICIPAL DE GLASGOW), OUTRA OBRA EXCEPCIONAL DA RAINHA VITÓRIA, INAUGURADO EM 1888.

Willian Gladstone: reformou o ensino, lutou pelo voto secreto e pela separação de Igreja e Estado na Irlanda

No centro da praça, um obelisco atravessa o céu com a estátua do escritor Sir Walter Scott no topo, sustentado por uma coluna dórica. Ao seu redor, em vários monumentos, homenagens às celebridades escocesas e britânicas, todas elas vinculadas ao ensino, à cultura, à pesquisa e à poesia.

Pode-se apreciar também um artístico cenotáfio ("túmulo vazio", em grego), homenagem aos mortos da cidade nas duas guerras mundiais. Há um obelisco colossal, com a figura de São Mungo, fundador e santo padroeiro da cidade. Nas laterais, enormes esculturas de dois gigantescos leões deitados, cabeça erguida vigilante, a proteger o monumento.

Curioso é que o centro de todas as atenções é o poeta Sir Walter Scott. A rainha Vitória e o príncipe Albert, seu consorte, aparecem em plano secundário, nas laterais, e apenas eles montados a cavalo.

A estátua celebra a visita da Rainha à Glasgow, em 1849. Sua presença em todo o Reino Unido é constante, pelo excepcional reinado, todo ele marcado de obras, projetos, ações e serviços nas áreas sociais e culturais. O estilo vitoriano é sua principal marca nas Ilhas Britânicas, no Canadá, na Austrália e na Nova Zelândia.

Walter Scott (1771-1832)

Considerado o criador do romance histórico, é um dos mais festejados escritores escoceses. Foi um dos maiores escritores do idioma inglês, publicando poemas, romances e traduções. Sua obra mais conhecida no Brasil é *Ivanhoé*. O filme *Rob Roy*, estrelando Liam Neeson e Jessica Lange, sobre a brava luta dos escoceses contra o domínio britânico, ganhou projeção no Brasil com o título *A Saga de uma Paixão*. Scott fundou clubes e revistas e presidiu, de 1820 a 1832, a conceituada Sociedade Real de Edimburgo, uma das principais intituições científicas do Reino Unido. Tendo começado sua carreira como advogado, ele logo se tornou sócio de uma empresa de impressão e escreveu profissionalmente até sua morte, aos 61 anos, para cobrir as dívidas.

Robert Burns (1759-1796)

Seus 559 poemas são considerados os pioneiros no romantismo e na comédia, com uma temática simples da vida no campo. *A valsa da despedida* ganhou popularidade no Brasil na versão de Alberto Ribeiro e João de Barro (Braguinha), com interpretação de Francisco Alves e Dalva de Oliveira e também na voz de Francisco Petrônio. A música costuma ser cantada na noite do Réveillon.

A valsa da despedida

Adeus, amor, eu vou partir
Ouço ao longe um clarim
Mas, onde eu for, irei sentir
Os teus passos junto a mim
Estando em luta, estando a sós
Ouvirei a tua voz

A luz que brilha em teu olhar
A certeza me deu
De que ninguém pode afastar
O meu coração do teu
No céu, na terra, aonde for
Viverá o nosso amor

Thomas Graham (1805-1869)

Famoso químico nascido em Glasgow e que estudou na Universidade de Edimburgo, depois lecionou química em Glasgow e em Londres. Fundou a Sociedade Química de Londres em 1841. Vinte e cinco anos depois, foi eleito membro estrangeiro da Real Academia Sueca de Ciências. A Lei de Graham é descoberta sua. Ele demonstrou que a velocidade de difusão de um gás é inversamente proporcional à raiz quadrada de sua densidade. O cientista descobriu, também, o método de diálise para separar os coloides de uma série de soluções.

Thomas Graham

Thomas Campbell

Thomas Campbell (1777-1844)

Poeta escocês que se destacou pelo caráter sentimental de suas obras. Idealizador do projeto e fundador da Universidade de Londres. Teve destacada atuação na educação do Reino Unido. Produziu canções patrióticas para a guerra. Com o sucesso nacional e internacional de suas obras, transformou-se num mestre no ensino da poesia, ministrando palestras e fazendo exposições em Londres e Paris. Foi eleito reitor da Universidade de Glasgow, derrotando Sir Walter Scott. Para se ter uma ideia de sua importância, seu corpo está enterrado no Canto dos Poetas na Abadia de Westminster.

John Moore (1761-1809)

General nascido em Glasgow e mereceu o reconhecimento da cidade por sua bravura. Mesmo militar, dedicou-se à educação de seus soldados. Morreu na Batalha de Coruña, Espanha, quando tentava impedir o avanço das tropas napoleônicas sobre a Península Ibérica. Era o comandante das forças britânicas. Deixou um diário sobre os conflitos contra as tropas de Napoleão, com vários ensinamentos.

James Watt (1736-1819)

Nascido em Greenock, cidade portuária próxima de Glasgow, notabilizou-se pela criatividade e dedicação ao ensino e à pesquisa. Inovações no motor a vapor, vital para a revolução industrial, são de sua autoria. Trabalhos científicos valiosos estão na Biblioteca Central de Birmingham. Teve educação primorosa da mãe em função de problemas de saúde. Superou as dificuldades físicas graças ao incentivo de três professores da Universidade de Glasgow, que oferecem estágio numa oficina. Ali, desenvolveu pesquisa sobre máquinas a vapor.

William Ewart Gladstone (1809-1898)

No centro, do lado norte da Praça George, encontra-se o monumento a Willian Ewart Gladstone, um dos estadistas mais famosos da Grã-Bretanha. Foi líder do Partido Liberal e, em quatro ocasiões, primeiro-ministro: 1868-1874, 1880-1885, 1886 e 1892-1894. O monumento traz o brasão de Glasgow, cidade onde nasceu. Ele é visto em pose acadêmica, com os braços cruzados, com as vestes do reitor da Universidade de Glasgow, segurando um livro.

James Oswald (1779-1853)

Membro do Parlamento de Glasgow em dois períodos (1832-37 e 1839-47), projetou-se pelos discursos em defesa dos valores nacionais escoceses e da educa-

John Moore

James Watt

William E. Gladstone

James Oswald

Lord Clyde

ção qualificada. A homenagem é resultado de ação de seus colegas parlamentares. A estátua apresenta a imagem de um lorde. Veste um casaco comprido e possui uma cartola, e é apoiado casualmente na bengala.

Lord Clyde

Sir Colin Campbell ou Lord Clyde é outro grande soldado nativo de Glasgow. A estátua destaca o militar em pé, junto ao tronco de uma palmeira, com uniforme de campanha, chapéu de abas na mão direita, espada na cintura e pergaminho e telescópio na mão esquerda. Teve destacada atuação na guerra contra as tropas napoleônicas e assumiu o comando na Índia. Cidades no Texas (EUA) e na Nova Zelândia levam seu nome. Está enterrado na Abadia de Westminster.

Robert Peel

Robert Peel (1788-1850)

Sir Robert Peel era famoso por muitas iniciativas de caráter social, familiar e voltados à segurança pública. Ele foi primeiro-ministro da Grã-Bretanha e Irlanda (1834-1835) e um dos fundadores do Partido Conservador. Como reitor da Universidade de Glasgow, fez uma gestão considerada progressista. Em 1841, Peel formou uma administração conservadora, quando supervisionou a introdução de legislação significativa, como a Lei de Minas, de 1842, que proibiu o emprego de mulheres e crianças subterrâneas, e a Lei de Fábrica, de 1844, que limitou o trabalho de crianças e mulheres em fábricas. Em 1845, Peel enfrentou o desafio definidor de sua carreira, quando tentou revogar as leis do milho que tinham sido introduzidas para proteger a agricultura britânica. Isso foi desencadeado pela necessidade de liberar mais alimentos para a Irlanda, cuja população sofria, com a fome, por causa da crise na produção de batatas. As leis do milho eram práticas comerciais restritivas que tornavam difícil para os pobres pagarem pelo pão, por causa do alto preço dos cereais. Os proprietários de terras resistiram na Câmara dos Comuns, entendendo a proposta como um ataque aos seus interesses. O Partido Conservador de Peel não o apoiaria, e o debate durou por meses. Eventualmente, em junho de 1846, com o apoio dos Whigs e dos Radicais, as Leis do Milho foram revogadas.

Tornou-se mundialmente famoso por criar a força de Polícia da Grã-Bretanha, moderna e humana. Deixou lições imortais:

1. A missão fundamental para a polícia existir é prevenir o crime e a desordem.

2. A capacidade da polícia para exercer as suas funções depende da aprovação pública das ações policiais.

3. A polícia deve garantir a cooperação voluntária dos cidadãos, no cumprimento voluntário da lei, para ser capaz de garantir e manter o respeito do público.

4. O grau de cooperação do público pode ser garantido se diminui proporcionalmente à necessidade do uso de força física.

5. A polícia não deve se manter (criar prestígio e autenticidade) apenas com prisões, não preservando assim o fator público e abastecendo a opinião pública, mas pela constante demonstração de absoluto serviço abnegado à lei.

6. A polícia usa a força física na medida necessária para garantir a observância da lei ou para restaurar a ordem apenas quando o exercício da resolução pacífica, persuasão e de aviso é considerado insuficiente.

7. A polícia, em todos os tempos, deve manter um relacionamento com o público que lhe dá força à tradição histórica de que a polícia é o público e o público é a polícia, a polícia é formada por membros do população que são pagos para dar atenção em tempo integral aos deveres que incumbem a cada cidadão, no interesse do bem-estar da comunidade e a sua existência

8. A polícia deve sempre dirigir a sua ação no sentido estritamente de suas funções e nunca parecer que está à usurpar os poderes do judiciário.

9. O teste de eficiência da polícia é a ausência do crime e da desordem, não a evidência visível da ação da polícia em lidar com ele.

Albert Dock já foi o mais sofisticado porto municipal do mundo. Virou a maior área de entretenimento de Liverpool, com múltiplas atividades turísticas e culturais

A MÚSICA ENRIQUECENDO O TURISMO

8

Quando vi o roteiro do cruzeiro pelas Ilhas Britânicas, o que me atraiu mesmo foram as escalas na Irlanda e na Escócia. As cidades de Liverpool e Guernsey entravam na rota como um estimulante *upgrade*, vantagem adicional no espaço britânico. Sobre Liverpool, apenas duas informações: tinha sido uma rica cidade industrial nos séculos anteriores e a partir da década de 1960 ficou mundialmente famosa pelos *Beatles*. Já a Ilha de Guernsey era um zero em termos de informação. Tudo o que tivesse a oferecer era lucro. Um zero que começou a despertar interesse quando soube que lá residiu, exilado, o escritor francês Victor Hugo. Leitor de sua clássica obra na juventude, apaixonei-me por tudo o que ali está escrito na versão musical, a partir da primeira encenação francesa, mas – e principalmente – depois do espetáculo produzido pelo criativo Cameron Mackintosh.

Em Liverpool, orgulho da cidade, os *Beatles* estão em toda parte. Há inúmeros pontos turísticos e passeios que resgatam a trajetória da banda inglesa

LIVERPOOL ACABOU SUPERANDO TODAS AS EXPECTATIVAS. O CENTRO HISTÓRICO – QUE SE CONHECE CAMINHANDO A PÉ, PARTINDO DO PÍER GEORGE, ONDE OS NAVIOS DE CRUZEIRO COSTUMAM ATRACAR – É TÍPICO DA ARQUITETURA INGLESA. MAS SEU IMENSO WATERFRONT, O FAMOSO ALBERT DOCK, É UM ESPETÁCULO PERMANENTE, UM CENTRO DE CONVIVÊNCIA DAS FAMÍLIAS LOCAIS, DOS INGLESES E, ESPECIALMENTE, DOS MILHARES DE TURISTAS ESTRANGEIROS QUE SE ESBARRAM NOS PRINCIPAIS PONTOS DA CIDADE, FALANDO AS MAIS DIFERENTES LÍNGUAS.

Liverpool virou um show de vibração, criatividade musical, boa gastronomia, intensa programação cultural e um competente esquema de exploração do turismo. Ali, tudo gira em torno dos *Beatles*, a principal atração da cidade e uma das

maiores fontes de renda. O aeroporto internacional leva o nome do imortal John Lennon. Na enorme área dos antigos armazéns, transformada em agradáveis pontos de referência turística, com bares, restaurantes, lojas, ateliês de artistas, museus, há o Centro de Exibição dos Beatles, o Magical Experience, com uma retrospectiva sobre a vitoriosa carreira do quarteto e o resgate de documentos, discos, guitarras, roupas, revistas e jornais. Há um destaque para tudo o que se refere ao *Yellow Submarine* e uma sala envidraçada em cujo interior é exibido o icônico piano de causa branco usado no videoclipe *Imagine*, ao lado de Yoko Ono. No final da visita, onde se ouve os clássicos do grupo, uma loja com tudo para vender sobre o conjunto.

Com o mesmo ingresso, é possível visitar o The Beatles Story, num moderno edifício, com linhas arrojadas, no Albert Dock.

No coração da cidade, no prédio do Hard Days Night Hotel, destacam-se na paisagem outra vez os *Beatles*, com as estátuas de John, Paul, Harrison e Ringo em cada um dos cantos do prédio. Quem se hospedar ali pode optar entre a suíte John Lennon,

Na icônica Mathiew Street, de um lado o The Cavern Club, onde tudo começou, e de outro a atmosfera mágica do Cavern Pub, onde os Beatles iniciaram a carreira que arrastaria fãs em todo o mundo

101

Vista do píer onde os navios atracam em Liverpool. Turismo cultural é uma das principais fontes de receita da cidade

O histórico Crown Hotel, onde se hospedaram inúmeros ícones do rock mundial

O hotel temático com as estátuas dos quatro roqueiros e, ao lado, o estilo moderno da Catedral

Vila na chegada a Liverpool (acima). Nas fotos abaixo, o Yellow Submarine em *tour* pela cidade e o autor, "entrevistando" John Lennon. Na foto maior, abaixo, o majestoso The Royal Liver Building, que forma, com o edifício The Cunard e o Port of Liverpool, o conjunto chamado "The Three Graces"

muito bem decorada com imagens do grande compositor, ou um apartamento de luxo de seu parceiro, Paul McCartney.

Penny Lane, título de uma das canções de grande sucesso da banda inglesa, refere-se a uma via de Liverpool, situada no bairro de mesmo nome, um dos preferidos de Paul McCartney e John Lennon. A placa de sinalização com o nome da rua é recolocada com frequência pela prefeitura, pois os fãs costumam levá-la como suvenir.

A cidade oferece várias opções para o indispensável *city tour*. Entre as mais procuradas, o The Yellow Duckmarine, com o carro anfíbio amarelo da consagrada canção, ou os tradicionais ônibus vermelhos de dois andares, com o segundo andar parcialmente descoberto para as melhores fotos.

Todos visitam as duas principais catedrais: a protestante e a católica. Para chegar à moderníssima arquitetura da Catedral Católica, passa-se pela Hope Street, onde há dois pontos de destaque: a Philarmonica Hall e a The Philarmonic Dinning Roon, uma construção datada de 1898, com arquitetura diferenciada e interior ricamente decorado. Serve, desde a fundação, as cervejas reais. Era o *pub* preferido de

John Lennon. Deslumbrante e extravagante, orgulha-se do título de ser "o *pub* mais ornamentado da Inglaterra". Conhecida como The Phil, a Philarmonica Hall tem o interior decorado com temas musicais. Possui belos mosaicos em mogno e vidro. Tem vários quartos para serviços mais reservados e um majestoso salão central. Estatuetas dos grandes compositores como Brahms e Lizt completam a decoração. Ali, os banheiros têm singularidades. O mictório, por exemplo, tem uma única peça de mármore, em tom rosa. Sempre limpíssimo, um luxo.

Para marcar a escolha de Liverpool como Capital Europeia da Cultura, em 2008, a comunidade inaugurou um mural em homenagem aos *Beatles*, com imagem de 4,2 metros de altura, na rua Litherland.

Outros símbolos estão em destaque já no porto. O navio atraca bem defronte ao famoso Royal Liver Building, imponente na arquitetura e um dos primeiros prédios do mundo a usar concreto armado. Forma um conjunto harmônico e elegante com o edifício Cunard e o Porto of Liverpool Building. O pomposo conjunto arquitetônico atende pelo nome de Três Garças. No topo de cada torre estão os míticos pássaros do fígado, projetados por Carl Bernard Bartels. Os pássaros são chamados Bella e Bertie, olhando para o mar e para o interior, respectivamente. A lenda popular diz que enquanto um pássaro gigante olha para fora sobre a cidade para proteger seu povo, o outro pássaro olha para o mar para os novos marinheiros que entram no porto. Alternativamente, a lenda local afirma que um pássaro do fígado é macho, olhando para o interior para ver se os *pubs* estão abertos, enquanto o outro é do sexo feminino, olhando para o mar para ver se há alguns marinheiros bonitos chegando ao rio. Diz outra versão popular muito repetida pelos guias turísticos que, se um dos pássaros fosse voar, a cidade de Liverpool deixaria de existir, aumentando assim o mistério sobre os pássaros. Como resultado, ambas as aves são acorrentadas às cúpulas sobre as quais estão. As dimensões dos pássaros impressionam: têm mais de seis metros de altura, as cabeças com três metros e meio de comprimento e envergadura da asa chega a doze metros.

A Catedral Anglicana de Liverpool é outra visita obrigatória. Um monumento religioso impressionante por suas dimensões, acabamento e estilo. É a maior cate-

Na página ao lado, o Philharmonic, *pub* preferido de John Lennon, e as docas sempre em destaque. Abaixo, *Beatles* nos *city tours*, no museu temático e na rua que virou sucesso musical e hoje atrai milhares de fãs

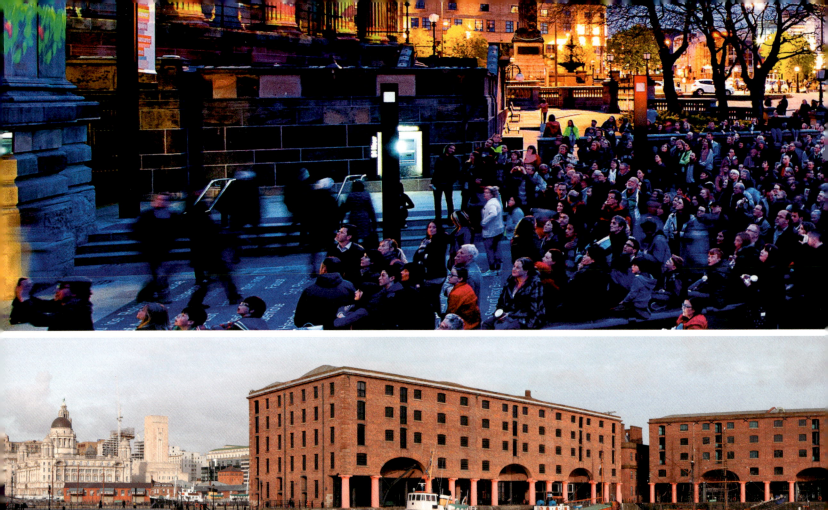

Concertos populares ao ar livre, frequentes na cidade, e o magnífico e amplo *waterfront* das docas de Liverpool

Na terra dos "inventores" do futebol, o Liverpool é uma paixão desde 1892. O moderno estádio abriga um museu dedicado ao clube, atração imperdível para os aficcionados do esporte. Na página seguinte, a imponente Igreja Presbiteriana

dral de todo o Reino Unido. Começou a ser construída em 1904 e foi inaugurada em 1978. Toda em tijolo vermelho, mantém o estilo britânico. Por fora, não chega a despertar a mesma atenção da moderníssima Catedral Metropolitana de Liverpool, católica. Mas o interior é magnífico, imponente com seus imensos arcos góticos, um espaço físico extraordinário, lojas para venda de produtos religiosos e musicais, acesso à torre, áreas para exibição de filmes sobre a história da Igreja Anglicana e da Catedral e uma atraente cafeteria. Um *audiotour* (ou áudio-guia) oferece todas as informações em oito idiomas.

A maior concentração de turistas, depois do Albert Dock, situa-se no Cavern Quarter, onde se revive a largada dos *Beatles* e relembram-se as suas primeiras apresentações, num ambiente de 50 anos atrás.

Caminhar sem pressa na Mathiew Street é a glória de todo beatlemaníaco. Começa pelo The Cavern Club, onde os *Beatles* se apresentaram pela primeira vez em 9 de fevereiro de 1961. Ali, foram descobertos sete meses depois pelo jovem empresário Brian Epstein, que promoveu a competente divulgação e promoção do quarteto. Um gênio como empresário e como marqueteiro da banda.

Seu *site* oficial anuncia que o Cavern é "o mais famoso *club* do mundo". Fica no terceiro subsolo da Mathiew Street. Para chegar até o palco e ao bar, é necessário descer dezenas de degraus, com lances em forma de caracol. O teto é redondo, coberto de tijolos à vista. O Cavern presenciou 250 apresentações dos *Beatles*.

No outro lado do histórico calçadão, o The Cavern Pub, que também fatura com a memória do grupo inglês. Está no primeiro subsolo e tem várias peças dos *Beatles*, de discos a recortes e jornais e revistas, de roupas a guitarras e, de especial, o palco com todos os instrumentos usados pelos quatro astros, incluindo os microfones da época.

Com mais alguns passos, chega-se, no mesmo calçadão da Mathiew, ao The Beatles Shop, onde é possível encontrar todo tipo de suvenir com a temática da banda inglesa.

Cidade com cerca de 450 mil habitantes, Liverpool celebrou, em 2007, 800 anos de história. Viveu o apogeu da Revolução Industrial, depois se beneficiou do comércio internacional, mas entrou em decadência após a Segunda Guerra Mundial. Nos últimos trinta anos, sua força econômica está no turismo e no prestígio mundial e na insuperável popularidade dos *Beatles*.

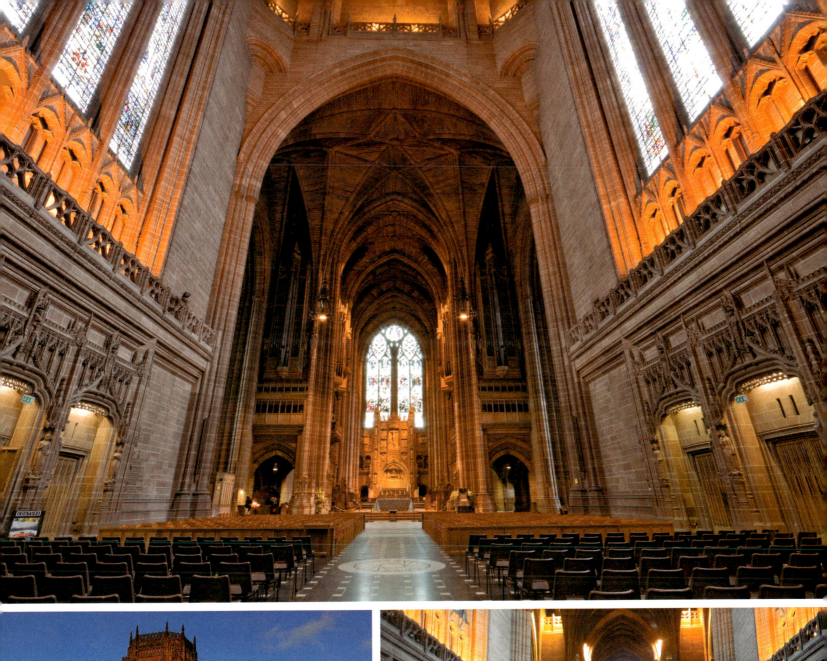
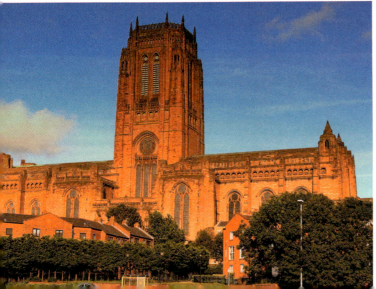

Vista aérea de Dublin

EDUCAÇÃO E LITERATURA

9

Dublin, a capital da República da Irlanda, resume o que todo turista vidrado em programas artísticos e culturais idealiza nas viagens: ensino de alto nível, escritores da melhor qualidade, excelente música regional, gastronomia típica, bom teatro, cerveja saborosa, programação cultural permanente. Uma cidade com todas as atrações das metrópoles, mas num clima de calmaria, alegre, povo hospitaleiro, conversador e caloroso. Tem prédios com arquitetura moderna arrojada, cobertos de vidros espelhados e aço escovado, mas preservou seus monumentos históricos. E nada de arranha-céus. Os carros têm limite de velocidade de 30 Km/h, não há registro de acidentes, o transporte coletivo é eficiente, o metrô é moderno e, sobretudo, pode-se conhecê-la caminhando entre seus maravilhosos *pubs*, casas típicas cobertas de floreiras coloridas nas janelas, restaurantes do século passado ricamente ornamentados.

A estátua do reverendo e matemático irlandês George Salmon Prevest recepciona os visitantes da tradicional Trinity College, universidade fundada em 1592, em Dublin, pela qual passaram grandes nomes da cultura britânica, entre eles o escritor Samuel Beckett. A capital da República da Irlanda foi classificada pela Unesco como a "Cidade da Literatura"

O ESPÍRITO DO IRLANDÊS DE DUBLIN E O CLIMA FESTIVO CONTRASTAM COM O AMBIENTE CARREGADO DE BELFAST. NA REPÚBLICA DA IRLANDA, INDEPENDENTE DESDE 1921, ENTRE SEUS 4,5 MILHÕES DE HABITANTES, COM ESMAGADORA MAIORIA CATÓLICA, OCUPANDO CINCO SEXTOS DO TERRITÓRIO DA ILHA. NA IRLANDA DO NORTE, INTEGRANTE DO REINO UNIDO, MAJORITARIAMENTE CONSTITUÍDA DE 17% DA ÁREA TOTAL.

Dublin e a República da Irlanda são exemplos fortes de que o "turismo literário" constitui uma forte alternativa econômica. Dublin está entre as quatro classificadas pela Unesco como "Cidade da Literatura", na honrosa companhia de Edimburgo (Escócia), Melbourne (Austrália) e Iowa (Estados Unidos).

NAVEGAR É PRECISO! VIAJE E DESCUBRA UM MUNDO DE RIQUEZAS CULTURAIS

A Unesco escolheu a capital irlandesa "por causa de seu rico passado literário, pela vibrante literatura contemporânea e pela variedade de festivais e atrações que oferece". Lá tem o Museu dos Escritores, o Festival dos Escritores de Dublin, o Centro dos Escritores Irlandeses. Inúmeros *pubs* da cidade valorizam sua literatura e seus escritores. Há, até, roteiros turísticos pelos bares mais famosos, em companhia de atores que vão relatando a obra e a vida dos grandes nomes da literatura.

Entre as mais populares expressões, destaca-se Oscar Wilde, tido como "o primeiro homem moderno", criativo, polêmico e inteligente escritor que conquistou o Reino Unido e expandiu suas obras pela Europa e até Estados Unidos.

Marcou sua vida pela obra vanguardista e original e, sobretudo, pelas ideias libertárias e a postura social absolutamente independente e escandalosa, dividindo a sociedade britânica entre os que o admiravam e aqueles que o condenavam.

Entre suas obras, sobressaem-se as de contos, sendo o mais laureado o "O Príncipe Feliz". Sua obra-prima é romance *O Retrato de Dorian Gray*.

Condenado a dois anos de prisão por homossexualismo, chegou ao fim da vida marginalizado pela sociedade. Mas não abdicou de suas ideias e convicções.

* * *

É um fato realmente notável que a Irlanda, um país pequeno, se comparado com outras nações, tenha quatro ganhadores do Prêmio Nobel de Literatura: Bernard Shaw, William Butler Yeats, Samuel Beckett e Seamus Heaney. O quarteto integra uma galeria de honra no aprazível Parque de São Patrício, ao lado da igreja que lhe dá o nome e onde se encontra a famosa fonte. Chamada de Parada Literária dos Escritores da Irlanda, consta de um paredão dividido em doze partes, cada um com uma placa de bronze oval com o nome do homenageado, a cabeça esculpida e uma pequena biografia.

Particularidade importante: a obra, que virou atração turística, foi patrocinada pelas destilarias irlandesas para comemorar o milênio de Dublin, em 1988. Lá, estão na galeria dos notáveis Samuel Beckett, Brendan Behan, James Joyce, Sean O'Casey, George Bernard Shaw, Jonathan Swift, John Millington Synge, Oscar Wilde, William Butler Yeats, Eilís Dillon, James Clarence Mangan e Austin Clarke.

James Joyce

(Dublin, 2 de fevereiro de 1882 – Zurique, 13 de janeiro de 1941). Principal estrela da constelação literária irlandesa é também um dos mais destacados nomes da literatura mundial. Seu livro mais conhecido é *Ulisses*, publicado em 1922. Em seu romance, Joyce consegue uma façanha, com toda a história acontecendo em um único dia, 16 de junho de 1904. O principal personagem, Leopold Bloom, está transformado em celebridade nacional e fonte de atração turística. Todos os anos, realiza-se em Dublin o Bloomsday. James Joyce dizia que se Dublin fosse destruída por alguma catástrofe, poderia ser reconstruída tijolo por tijolo, a partir de sua obra. O livro é composto de dezoito capítulos, cada um cobrindo aproximadamente uma hora do dia, começando por volta das oito horas da manhã e terminando em algum ponto após às duas horas da madrugada seguinte. Cada capítulo emprega seu próprio estilo literário.

Samuel Beckett

(Dublin, 13 de abril de 1906 – Paris, 22 de dezembro de 1989). Recebeu o Prêmio Nobel de Literatura de 1969. Suas obras foram traduzidas em mais de trinta línguas. Tem uma visão pessimista sobre os fenômenos humanos. É considerado um dos pais do teatro do absurdo. *Esperando Godot*, sua peça mais famosa, faz grande sucesso e dominou vários programas teatrais nas principais cidades brasileiras.

A primeira montagem aconteceu em 1969, estrelando Cacilda Becker, que encenava com o marido Walmor Chagas, quando a artista sofreu um derrame cerebral e foi levada para o hospital, ainda com as roupas de sua personagem.

George Bernard Shaw

(Dubin, 26 de julho de 1856 – Ayot Saint Lawrense, 2 de novembro de 1950). Jornalista, dramaturgo, romancista, contista e ensaísta, tem como obra mais conhecida no Brasil *Pigmaleão*, traduzida por Millôr Fernandes. O filme *My Fair Lady* e o musical do mesmo nome foram baseados na peça. Deve sua formação à mãe, educadora e a visitas à Galeria Nacional da Irlanda. Mudou-se para Londres disposto a se tornar escritor, mas teve as obras recusadas pelas editoras e os artigos pelos jornais. Socialista e polêmico, recusou-se a receber, em 1925, o Prêmio Nobel de Literatura.

James Joyce

Samuel Beckett

George Bernard Shaw

Oscar Wilde

William Butler Yeats

Jonathan Swift

Oscar Wilde

(Dublin, 16 de outubro de 1854 – Paris, 30 de novembro de 1900). Irlandês de Dublin, foi educado como várias das celebridades políticas e literárias na mundialmente conhecida Trinity College. Entre as criações mais difundidas no mundo e no Brasil, destacam-se *O Retrato de Dorian Gray* e *A Alma do Homem no Socialismo*, ambas reeditadas em edições de bolso pela editora Saraiva. Em Londres, conviveu com um nobre e acabou preso sob a acusação de conduta homossexual. Foi sentenciado a dois anos de prisão com trabalhos forçados. As condições calamitosas da prisão causaram uma série de doenças que o levaram às portas da morte. Morreu como um homem arruinado, aos 46 anos. *O Retrato de Dorian Gray* é tido como obra-prima da literatura inglesa. Focaliza a arte, a vaidade e as formas de manipulação humanas. Wilde escreveu novelas, contos infantis, peças teatrais e poemas. Foi um craque em criar frases e tiradas sarcásticas, irônicas e cínicas. Qualquer que seja o objetivo da viagem a Dublin, um giro pela Praça Merrion é indispensável. Ali, há um monumento a Oscar Wilde. Sobre uma imensa pedra bruta seu corpo estendido, com ar debochado, numa belíssima escultura em granito de diferentes cores, ladeada por colunas onde se pode ler algumas de suas frases mais conhecidas. A Marrion Square é uma das praças mais bonitas e amplas de Dublin, com seus cinco hectares e imponentes fachadas do Museu de História Nacional e a Galeria Nacional. Destaque para as lindas sacadas das casas com o inconfundível estilo georgiano, onde viveram o próprio Oscar Wilde, o poeta W. B. Yeats e o líder católico Daniel O'Connel, este homenageado com o principal monumento na famosa O'Connel Street, principal via da cidade.

William Butler Yeats

(Dublin, 13 de junho de 1865 – Menton, França, 28 de janeiro de 1939). Poeta de renome nacional e popular no Reino Unido é considerado uma das expressões do renascimento literário irlandês. Destaque pela cofundação do Abbey Theatre, o Teatro Nacional da Irlanda. Recebeu o Prêmio Nobel de Literatura em 1923. Transformou-se em porta-voz do nacionalismo irlandês, vital na luta pela independência.

Jonathan Swift

(Dublin, 30 de novembro de 1667 – Dublin, 19 de outubro de 1745). É o autor do famoso livro *As Viagens de Gulliver* (1725), que virou filme de grande sucesso em todo o mundo. Seu túmulo, busto e epitáfio estão na histórica Catedral de São Patrício. Mais um irlandês que deve seu sucesso à Trinity College. Órfão de pai com apenas um ano, teve o apoio do tio na formação escolar. Despertou para a literatura como secretário de Sir William Temple (1628-1699), estadista e escritor de grande prestígio na Inglaterra. Em 1731, o autor faz da sua própria morte um objeto da sátira ao escrever um poema sobre a morte do Dr. Swift.

Brendan Behan

(Dublin, 9 de fevereiro de 1923 – Dublin, 20 de março de 1964). Autor irlandês que nasceu nas favelas de Dublin e deve seu sucesso à educação, à leitura e às ideias republicanas da família. Conhecido por suas poderosas visões políticas e satíricas da sua terra. Escreveu peças de teatro e histórias, mostrando com humor a vida dos homens comuns de trabalho. Vários de seus livros foram proibidos na Irlanda. Behan passou a maior parte do tempo, entre os anos 1939 e 1946, em instituições penais inglesas e irlandesas, por conta de acusações políticas.

Sean O'Casey

(Dublin, 20 de março de 1880 – Torquay, 18 de setembro de 1964). É um dos maiores dramaturgos e memorialistas irlandeses. Socialista de formação e atuação, revelou-se como o primeiro dramaturgo irlandês a escrever sobre as classes trabalhadoras de Dublin. Segundo os críticos, "suas peças são particularmente conhecidas pelo tratamento simpático às personagens femininas".

Edmund John Millington Synge

(Dublin, 16 de abril de 1871 – 24 de março de 1909). Mais um irlandês que ficou devendo seu extraordinário êxito literário à educação familiar e institucional. Poeta, dramaturgo, escritor e folclorista, é cofundador do Teatro Nacional da Irlanda (Abbey Theatre). *O Playboy do Mundo Ocidental* é sua principal peça teatral. Quando estreou, a encenação provocou indignação e protestos.

Eilís Dillon

(Galway, 7 de março de 1920 – 9 de julho de 1994) - Filha de professor universitário, outro exemplo da importância do sistema educacional de qualidade da Irlanda. O pai, Thomas Dillon, era professor da University College Galway. A mãe, Geraldine Plunkett, era a irmã do poeta Joseph Mary Plunkett, um dos sete signatários da Proclamação da República da Irlanda, que foi executado no final de 1916 na prisão de Kilmainham

Brendan Behan

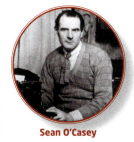
Sean O'Casey

Edmund John M. Synge

Eilís Dillon

James Clarence Mangan

Austin Clarke

Gaol, outra destacada atração turística da cidade. Destacou-se na publicação de livros infantis e romances históricos, traduzidos para 14 idiomas.

James Clarence Mangan

(Dublin, 1º de maio de 1803 – 20 de junho de 1849). Poeta, filho de professor. Educado em escola jesuíta, onde aprendeu latim, espanhol, francês e italiano. Teve de trabalhar cedo para sustentar a família, sendo funcionário da Biblioteca da Trinity College. Seus poemas tinham forte apelo nacionalista. Alcoólatra, ficou com a imagem de um irlandês excêntrico, por vestir-se com longa capa, óculos verdes e peruca loura. Sua obra foi comentada em ensaio de James Joyce. Essa rica produção literária encontra uma boa explicação no Museu dos Escritores de Dublin, onde se lê: "Em outras cidades, pessoas inteligentes saem para fazer fortuna. Em Dublin, pessoas inteligentes vão para casa e escrevem livros".

Austin Clarke

(Dublin, 9 de maio de 1896 – 19 de março de 1974). Poeta consagrado, escreveu peças teatrais, romances e memórias. Admirador de Pablo Neruda e Ezra Pound. Formado pela Trinity University, venceu vários prêmios nacionais de poesia.

Embora não conste da galeria, Bram Stoker (1847-1912) é considerado um dos escritores mais importantes do início do século passado. É autor de *Drácula*, imortalizado em vários filmes americanos e europeus. Stoker foi um dos maiores pesquisadores sobre os vampiros em todo o mundo.

Outra joia da coroa cultural irlandesa é a Trinity College, fundada em 1592 pela rainha Elizabeth I. Está instalada num histórico e amplo complexo arquitetônico, onde se respira literatura, música e intensa atividade cultural, com presença massiva de estudantes de vários países do mundo e a invasão diária de milhares de turistas estrangeiros. Universidade protestante que vedava a presença de católicos, proibição cancelada há apenas 40 anos. Sua magnífica biblioteca, com mais de 300 anos, tem mais de 200 mil livros antigos. Ao longo do seu corredor, encontram-se bustos de mármore de eruditos e a mais antiga harpa existente na Irlanda. A harpa, símbolo da cervejaria Guiness, é também a marca nacional, ao lado do trevo de três folhas, usado por São Patrício para revelar, de forma didática, a unidade da Santíssima Trindade.

A Trinity College atrai visitantes do mundo inteiro pela preciosidade histó-

Nas fotos ao lado, o interior do Museu dos Escritores de Dublin (foto maior), aberto ao público de segunda a sábado

Na foto abaixo, o autor, em frente a uma das placas instaladas nas ruas de Dublin, que fazem parte da The Literary Parade, tradicional festa realizada em Dublin em homenagem aos grandes escritores irlandeses

Dominando a paisagem, a moderna Ponte Samuel Beckett (foto maior, acima). A fábrica da famosa cerveja Guiness e o barco turístico

O *Livro de Kells*: escrito em latim por monges celtas e ricamente ilustrado, contém os quatro Evangelhos. Abaixo, a reprodução de algumas de suas páginas

rica de seu patrimônio: o *Livro de Kells*, destacadamente o mais rico manuscrito em iluminuras existente no planeta. Obra dos monges de Iona, data do século IX. Contém os quatro evangelhos, escritos em latim, com ilustrações criativas e magníficas de figuras humanas e animais. Os desenhos obedecem à escrita celta. O livro é protegido por uma caixa de vidro. Uma exposição cobre as paredes do salão, renovada a cada três meses.

Saindo da Universidade e permanecendo ao sul do rio Liffey, que atravessa a cidade, são incontáveis as opções culturais: Catedral de São Patrício (1192), Castelo de Dublin (1204), City Hall (1779), Biblioteca Nacional (1890), Merrion Square (1752), Galeria Nacional (1864), Memorial Oscar Wilde, Museu Nacional (1890), Academia Real da Irlanda (1785), Teatro do Grande Canal (1862), Igreja de Santa Catarina (1769), toda a quadra da Cervejaria Guiness, James Joyce House of The Dead, entre outras.

Ao norte do rio, outra sucessão de grandes atrações e homenagens, como a estátua de James Joyce – de chapéu, em pé, segurado por uma bengala e pernas cruzadas –, a ampla e movimentada O'Connel Street, com vários tributos a suas maiores celebridades e os monumentos a O'Connell e Parnel, o histórico prédio do Correio, o Museu dos Escritores, a Torre James Joyce.

Visita imperdível, constante nos principais guias turísticos, é ao Café em Siene, um espetacular bar e restaurante francês com uma decoração *art déco* luxuosíssima. Remete o cliente aos áureos tempos da Paris do século XIX e é um dos mais badalados e charmosos da cidade. O *design* do bar é composto por um busto de Luiz XIV, um belo e antigo piano de cauda na entrada e uma decoração excepcional.

Outra paisagem típica é a que envolve todo o trajeto do rio Liffey, cortando a cidade, com marinas, trapiches, barcos de passeios e inúmeras pontes unindo norte e sul.

No espaço do Temple Bar, centro histórico revitalizado por jovens arquitetos, junto do Wellington Quay, o Hotel Clarence, de propriedade de Bono e The Edge, da famosa banda U2. Tem seis andares e cinquenta apartamentos. Apesar do prestígio internacional dos donos, a cidade vetou o pedido de construção de um novo hotel de quinze andares.

Localizado entre a Trinity College e a St. Stephens Green, o Café en Seine é um recanto parisiense contemporâneo dentro de Dublin. Os luxuosos assentos e lustres criam o ambiente ideal para ouvir música ao vivo, jantar ou simplesmente beber uma bebida quente ou tomar uma cerveja artesanal

A duas quadras de distância da Trinity Universtity, vê-se a Catedral de São Patrício, com a praça do mesmo nome e a homenagem aos doze intelectuais mais famosos.

Introdutor do cristianismo na Irlanda, São Patrício foi sagrado bispo e é o padroeiro da nação. A catedral abriga o maior e mais potente órgão da Irlanda. No jardim ao lado, um marco de pedra, com jardim florido, indicando que ali o santo iniciou o batismo ao cristianismo dos habitantes no século V. A crença popular atribui a São Patrício, "O Apóstolo da Irlanda", o desaparecimento das cobras na ilha. Foi o inventor da confissão particular, substituta da confissão comunitária.

Ninguém sai de Dublin sem provar a cerveja Guiness, orgulho da cidade, tomar um trago do uísque Jameson no estilo *cowboy*, saborear um bom prato de ovelha e tomar um café irlandês.

***

Depois de passar umas cinco vezes pela popular O'Connel Street, a primeira no ônibus contratado para o *city tour*, depois a pé, tomei o táxi em direção ao porto. Enquanto percorria as casas típicas das modernas construções e os barcos deslizando pelo River Leffey, não saiam da cabeça as inesquecíveis imagens da Trinity College superlotada de estudantes, professores e turistas, dos belos e destacados monumentos em homenagem aos escritores e à importância que o ensino merece do povo e das autoridades irlandesas em Dublin.

Como eu gostaria que todos os governantes catarinenses, os parlamentares, os dirigentes partidários, enfim, a elite dirigente tivesse testemunhado riqueza cultural desta grandeza!

Jovens entre dez e quinze anos, uniformizados, com a inscrição em espanhol, tinham saído da Trinity College, maravilhados com a biblioteca e o *Livro de Kells*. Indaguei a vários deles o que faziam. Estavam fazendo um programa turístico-cultural na cidade. Um dos professores veio socorrê-los. Os espanhóis mantêm um amplo acordo de cooperação. Os estudantes preferem fazer cursos de língua inglesa em Dublin, não apenas pela força do idioma, mas pela perspectiva de aprenderem mais sobre a literatura irlandesa e poder curtir as maravilhas oferecidas pela cidade e por toda a Irlanda.

Na chegada a Cork: tecnologia, pesquisa médica e preservação da cultura e do patrimônio histórico

TRADIÇÃO, PESQUISA E INOVAÇÃO

10

Neste momento, quando o navio em que viajava se aproximava da pequena cidade irlandesa de Cork, compulsória outra ponderação: havia lido em alguma revista irlandesa que a cidadezinha se destacara no Reino Unido por conta de duas circunstâncias. A primeira, a privilegiada condição do porto, presente da natureza aprimorado pela inteligência dos homens; e a segunda, decisão politica de criar e manter bons colégios e universidades, voltadas não apenas à educação de qualidade, mas também à pesquisa e inovação.

— EM QUE ESCOLAS PÚBLICAS ESTADUAIS DE SANTA CATARINA OS PROFESSORES TÊM TEMPO E INCENTIVO SALARIAL, FUNCIONAL E PSICOLÓGICO PARA DESENVOLVER ALGUM TIPO DE PESQUISA? - MEDITEI, LEVANDO O PENSAMENTO PARA A DISTANTE FLORIANÓPOLIS.

A questão surgiu enquanto consultava meu Ipad sobre as novidades do estado, aguardando o sinal para desembarcar na última escala irlandesa.

A exemplo das paradas anteriores, a bela Cork foi carregada de novidades e muitas emoções. As revelações ficaram por conta de seu potencial industrial no ramo farmacêutico e no setor de informática.

Cidade belíssima, com 120 mil habitantes, Cork é a segunda da República da Irlanda e a terceira de toda a Ilha, perdendo apenas para Dublin. É conhecida também como "Viagra City". A multinacional Pfizer tem ali uma importante unidade industrial e de pesquisa, que fornece o ingrediente ativo da pílula azul, pioneira no combate à impotência sexual masculina.

A Apple tem uma de suas principais operações da Europa em solo irlandês: o valor da inovação

Na página ao lado, a University College Cork (UCC); fundada em 1845 com o nome de Queen's College, foi transformada em University College em 1908. Abaixo, o Mallow Castle, um monumento nacional da Irlanda, do século XIII. A seguir, o mercado público da cidade de Cork, considerada a capital da comida da Irlanda. A apenas alguns quarteirões do rio Lee, está a catedral anglicana Saint Fin Barre's, santo que fundou um mosteiro neste mesmo local no ano de 606. A atual catedral (a terceira construída no local) foi concluída em 1879 (foto ao lado). Monumento de 1864 em homenagem ao padre Theobald Mathew (1790-1856), sacerdote católico irlandês e um reformista teototalista, abolicionista e grande defensor da educação. E uma imagem do Porto de Cork, um dos melhores do mundo no embarque de contêineres

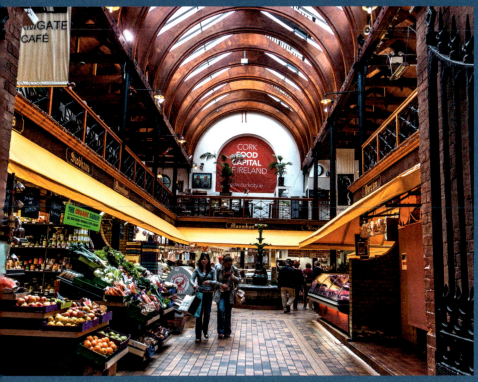

O condado produz também 40% dos computadores que a Apple comercializa na Europa. Tudo, graças ao porto de Cork, o segundo melhor porto natural do mundo, perdendo apenas para o de Sidney, na Austrália. Os navios de grande porte navegam seguros pelo rio Lee sem problemas de calado.

Um dos destaques, contudo, também está na área educacional. Há escolas públicas e particulares de alto nível, que oferecem cursos de inglês de curta e média duração, recebendo alunos de vários países. Têm fama também de preparar com competência os alunos que se candidatam à Universidade de Cambridge.

Os navios de cruzeiro atracam no terminal de Cobh, um vilarejo simpático e tranquilo, com doze mil habitantes, caprichosamente ornamentado com flores coloridas nos jardins, nas casas típicas, nos restaurantes e até nas repartições públicas.

Há mais de 170 anos, Cobh é porto de escala para navios de luxo. Em 1938, o *Sirius* fez a primeira travessia no Atlântico. Ali, o *Titanic* fez a última escala antes de naufragar, em 1912. A vila é uma graça de arquitetura, com as casas de três a quatro andares, geminadas, com cores diferentes. A igreja de St. Colman, arquitetura neogótica, tem a torre principal projetada para o céu, com larga extensão para ser vista de qualquer ponto da região. Este conjunto colorido forma à distância um cenário alegre e encantador.

* * *

Os passageiros descem de Cobh e, com trinta passos, estão no terminal ferroviário que faz um trajeto deslumbrante até Cork, com paisagens maravilhosas da Irlanda. A estrada é também belíssima em seus 25 quilômetros.

Além de percorrer o centro paradisíaco, com *pubs* e restaurantes acolhedores e tipicamente irlandeses, a principal sugestão fora da cidade é o Castelo de Blarney, onde foi colocada uma gigantesca pedra, com lendas que atraem milhares de turistas. A população local vive das modernas indústrias da informática e farmacêutica e do turismo. É em Cork que se produz a cerveja Murphy's, cuja fábrica foi fundada em 1856 e adquirida pelo grupo Heineken em 1983.

O colorido coreto na pracinha de Cork, a estação ferroviária ao lado do píer, a fortaleza e o memorial sobre o último porto antes da tragédia do *Titanic*. Na foto abaixo, um exemplo: internet livre em postos públicos desde o início do século

VICTOR HUGO: OS MISERÁVEIS

11

"Enquanto existir nas leis e nos costumes uma organização social que cria infernos artificiais no seio da civilização, juntando ao destino, divino por natureza, um fatalismo que provém dos homens; enquanto não forem resolvidos os três problemas fundamentais, a degradação do homem pela pobreza, o aviltamento da mulher pela fome, a atrofia da criança pelas trevas; enquanto, em certas classes, continuar a asfixia social ou, por outras palavras e sob um ponto de vista mais claro, enquanto houver no mundo ignorância e miséria, não serão de todo inúteis os livros desta natureza".

Só mesmo a genialidade de um Victor Hugo para imortalizar lições tão verdadeiras, inseridas no prefácio de *Os Miseráveis*, o magistral romance do extraordinário francês, autor também de *Notre Dame de Paris*. Sábias, verdadeiras e atuais para uma obra que completou 150 anos de lançamento em 2012.

Uma história simples, mas contundente, em defesa das liberdades e contra a opressão, que se popularizou no mundo inteiro pelo musical do mesmo nome. Mais de 65 milhões de expectadores já assistiram à comovente produção de Cameron Machintoch, estreada em Londres há mais de 25 anos e que já percorreu mais de 50 países, incluindo o Brasil.

Iniciado em Paris, o romance foi integralmente revisto, revisado e concluído por Victor Hugo em Saint Peter Port, a capital de Guersney, uma pequena ilha de 70 mil habitantes, a apenas oito milhas da costa francesa, mas pertencente à comunidade britânica.

A Casa de Victor Hugo é uma das visitas obrigatórias no roteiro cultural da acolhedora e simpática cidade. Tudo ali é instigante, a começar pela localiza-

Na página ao lado, a fachada do Queen's Theatre, em Londres, anuncia a exibição do espetáculo baseado no romance de Victor Hugo: uma história contundente, em defesa das liberdades e contra a opressão. Pelo menos 65 milhões de expectadores já assistiram ao musical, estreado há mais de 25 anos e que já percorreu 50 países, incluindo o Brasil. Na foto menor, o gigantesco farol, na entrada de St. Peter Port

NAVEGAR É PRECISO! VIAJE E DESCUBRA UM MUNDO DE RIQUEZAS CULTURAIS   **135**

Placa comemorativa da libertação de Guernsey do jugo alemão e busto do impressor Thomas de La Rue, fundador da casa que produziu durante décadas o papel-moeda brasileiro. Na página seguinte, a marina de St. Peter Port, a estátua do príncipe-consorte Albert, marido da rainha Vitória, e uma típica mansão ao estilo inglês

ção. Fica no alto da Vila, de onde se descortina uma paisagem exuberante. Uma marina antiga ocupando o espaço do porto protegido pelo Castelo Cornet, veleiros, lanchas e variados equipamentos náuticos embelezam a paisagem. Água transparente até nas pilastras do trapiche. Na via principal junto à baía, em toda a extensão, casas com arquitetura normanda, outras lembrando estilo inglês. E uma sucessão de restaurantes, ateliês, bistrôs, lojas de souvenires e, em destaque, uma belíssima construção de pedra, coberta de flores, abrigando o Centro de Informação Turística.

Guernsey foi a última escala no cruzeiro pelas Ilhas Britânicas. Eu não tinha, no início, nenhuma expectativa de uma grande atração turística. Pois as horas em que ali passei representaram um longo tempo pelos valores culturais, pelas belezas naturais, pela história da ilha, pela gastronomia barata e de qualidade e pela tranquilidade do vilarejo.

O navio parou nas águas do Canal da Mancha. Os barcos pararam no píer da antiga marina de St. Peter Port, a capital, desfrutada durante anos por Victor Hugo e milhares de turistas europeus que todos os verões por ali passam ou permanecem durante dias e semanas. Ali, o tempo parece que parou para um perfeito desfrute.

A ilha é pequena, com seus 65 mil habitantes e área de apenas 78 quilômetros quadrados, mas oferece uma mistura de paisagens deslumbrantes, muita arte nas galerias, música popular nas ruas comerciais e rica história. É uma dependência da Coroa britânica, mas não integra o Reino Unido. Fica ao norte da Normandia. Está imortalizada na arte pelo talento de Renoir na tela *Crianças na Praia de Guernsey*, de 1883.

A Casa de Victor Hugo é a principal atração cultural da cidade. Circular pelos três andares de seu interior é mergulhar no túnel no tempo para tentar entender os escritos do imortal escritor. Por defender as liberdades e opor-se ao golpe do ditador Napoleão III, a quem chamava de "o pequeno", e "o imperador", Victor Hugo permaneceu exilado em Guersney durante quase 18 anos. De seu escritório tinha o cenário belíssimo e artístico do porto e do castelo. Dali, conseguia também vislumbrar a costa francesa nos dias claros. O conteúdo de *Os Miseráveis*, tem, portanto, uma relação direta com o exílio, a saudade da pátria, as convicções pelos direitos humanos, o pavor das ditaduras, a tortura pela separação dos seus.

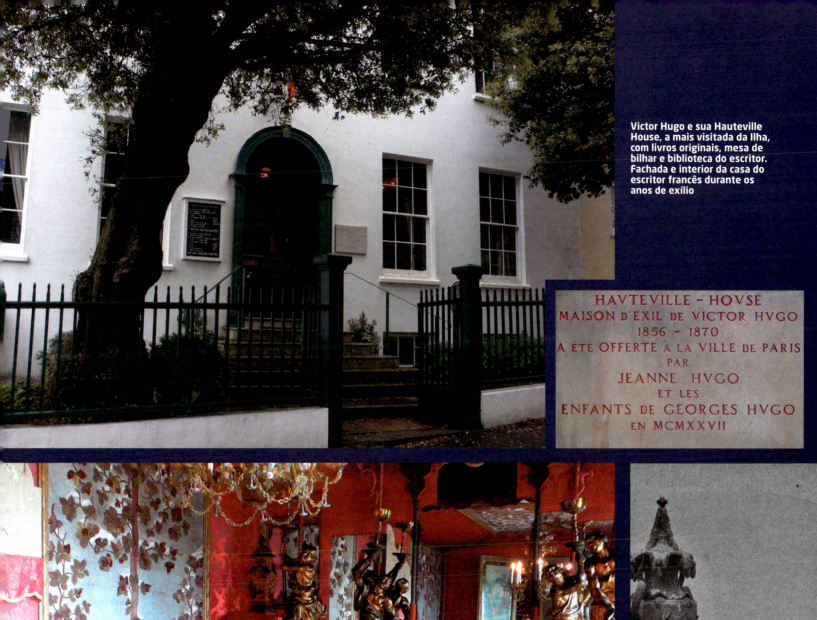

Victor Hugo e sua Hauteville House, a mais visitada da Ilha, com livros originais, mesa de bilhar e biblioteca do escritor. Fachada e interior da casa do escritor francês durante os anos de exílio

HAVTEVILLE - HOVSE
MAISON D'EXIL DE VICTOR HVGO
1856 - 1870
A ÉTÉ OFFERTE À LA VILLE DE PARIS
PAR
JEANNE HVGO
ET LES
ENFANTS DE GEORGES HVGO
EN MCMXXVII

O escritor francês publicou em 1866 o livro *Os Trabalhadores do Mar*, dedicado justamente à Ilha de Guernsey. Registrou a seguinte dedicatória na obra: "Dedico este livro ao rochedo de hospitalidade e de liberdade, a este canto da velha terra normanda onde vive o nobre e pequeno povo do mar, à ilha de Guernesey (ou Guernsey), severa e branda, meu atual asilo, meu provável túmulo".

Para os catarinenses que ali estiveram na última escala do cruzeiro marítimo (no roteiro inverso é a primeira parada), outra surpresa cultural. A Hauteville House preserva a rica biblioteca do romancista, mantém as cores estranhas de seus quartos, sua predileção pelo bilhar, as peças de faiança, as salas e os jardins. Há uma câmara chamada Garibaldi, homenagem a Giuseppe, pelas lutas pela liberdade e em defesa da unificação italiana. O francês e o italiano trocaram correspondência. Vários foram os convites de Hugo a Garibaldi para visitá-lo. Visita, porém, nunca realizada.

A Biblioteca Nacional tem vários trabalhos e estudos sobre o escritor francês. Numa profunda síntese pode-se conferir: "O período entre 1829 e 1843 foi o mais produtivo da carreira do escritor. Seu grande romance histórico *Notre Dame de Paris* (1831) – conhecido mundialmente como *O Corcunda de Notre Dame* –, o conduziu à nomeação de membro da Academia Francesa, em 1841. Criado no espírito da monarquia, o escritor acabou se tornado favorável a uma democracia liberal e humanitária. Eleito deputado da Segunda República, em 1848, apoiou a candidatura do príncipe Luís Napoleão, mas se exilou após o golpe de Estado que este deu em dezembro de 1851, tornando-se imperador. Hugo condenou-o vigorosamente por razões morais em *Histoire d'un crime*.

Durante o Segundo Império, em oposição a Napoleão III, viveu em exílio em Jersey, Guernsey e Bruxelas. Foi um dos poucos a recusar a anistia concedida algum tempo depois. O *Times* de Londres declarou: "Estamos orgulhosos por Victor Hugo ter escolhido viver em solo inglês, que se alimenta da sua presença, e se enriquece por meio dela". O *New York Tribune* também disse: "Sua voz é a voz dos homens livres do mundo inteiro".

Victor Hugo passou a falar mais sobre a liberdade. Denunciou a execução de John Brown, que tentara provocar uma revolta de escravos na Virgínia, em dezembro de 1859, e louvou os esforços de Giuseppe Garibaldi para estabelecer uma democracia liberal na Itália. Diante de uma plateia de mais de mil pessoas reunidas na Ilha de Jersey, Hugo disse que "a liberdade é o bem mais precioso de toda a humanidade". E continuou: "Comida e água não são nada; vestimentas e abrigos são luxos. Quem é livre permanece com sua cabeça erguida, mesmo que esteja com fome, sem roupas e sem teto. Eu dedicarei a minha própria vida, o que quer que ainda reste dela, à causa da liberdade – liberdade para todos!".

Então, Victor Hugo se voltou para um projeto que há muito estava passando por sua cabeça: um romance provisoriamente intitulado *Misères* (Misérias), para o qual começara a tomar nota ainda em 1840. Trabalhou nele de 1845 até fevereiro de 1848 (quando outra revolução na França interrompeu seu trabalho), indo adiante, mudando o título hesitantemente para *Jean Trejean* e, finalmente, deixando o manuscrito de lado. No dia 26 de abril de 1860, foi ao cofre de estanho onde tinha guardado o manuscrito e retomou seu antigo projeto. Escreveu que passara quase sete meses repensando e clarificando a sua primeira concepção da obra, "de modo que viesse a haver uma unidade completa entre o que escrevi doze anos atrás e o que vou escrever agora". Suspendeu seus dois banquetes diários e passou a escrever como um relâmpago. Escreveu dois terços do livro em 1861. Terminou *Os Miseráveis* em 19 de maio de 1862.

Embora transborde simpatia e generosidade em *Os Miseráveis*, para com as pessoas que passam por dificuldades, Victor Hugo sempre permaneceu distante dos socialistas da sua época. Ele parecia estar atacando o dogma marxista da luta de classes quando escreveu: "Existe uma tentativa – uma tentativa errônea – de fazer da burguesia uma classe especial. Mas a burguesia é somente a porção satisfeita do povo; o burguês é o homem cuja vez de se sentar chegou. Uma cadeira não é um castelo". Hugo persistiu em seu ataque: "O comunismo e o agrarianismo acreditam que resolveram este segundo problema (da distribuição de renda), mas estão enganados: a distribuição destrói a produtividade. A repartição em partes iguais mata a ambição e, por consequência, o trabalho. É uma distribuição de açougueiros, que mata aquilo que reparte. Portanto, é impossível tomar essas pretensas soluções como princípio. Destruir riqueza não é distribuí-la". Ele acreditava na capacidade do empreendedorismo privado e da paz amenizarem a pobreza: "Todo progresso caminha na direção dessa solução. Algum dia, todos ficaremos surpresos, pois veremos que com a ascensão de toda a raça humana, as suas camadas mais baixas

Cenas de Guernsey: jardins, interior, o porto e a música sempre presente nas ruas da cidade. Situada a norte da região francesa da Normandia, no Canal da Mancha, a ilha é uma dependência da Coroa Britânica que não faz parte do Reino Unido

também irão naturalmente sair da zona de sofrimento em que se encontram. A abolição da miséria será alcançada simplesmente com uma simples elevação do nível de todos".

Esta obra traz claramente a filosofia política de Victor Hugo. É um mundo onde há cooperação – e não luta – entre as classes; onde o empreendedor desempenha uma função essencialmente benéfica para todos; onde o trabalho é a via principal de aprimoramento pessoal e social; onde a intervenção estatal por motivos moralistas – seja do policial ou do revolucionário obcecado pela justiça terrena – é um dos principais riscos para o bem de todos que será gerado espontaneamente pelos indivíduos privados.

Sempre um reformista, envolve-se em política ao longo de toda a sua vida. Mas, se critica as misérias sociais, não adota para si o discurso socialista da luta de classes. Pelo contrário, ele mesmo viveu uma vida financeiramente confortável, construída com seus próprios esforços, tornando-se um dos escritores mais bem remunerados de sua época. Acreditava no direito do homem usufruir dos frutos do seu trabalho, embora reforçasse a responsabilidade que acompanha o enriquecimento pessoal. Desse modo, sempre buscou prosperar enquanto doava uma parte significativa de sua renda para diferentes obras de caridade.

Victor Hugo, no entanto, nunca aceitou o discurso socialista. Ele acreditava que uma sociedade aberta encontraria soluções para seus problemas. Mais que isso, ele era contra políticas de redistribuição de riquezas, pois o efeito dessas seria desincentivar a produção, fazendo com que toda a sociedade caminhasse para trás. Caso fosse permitida a liberdade de comércio, por outro lado, e caso se tolerasse algum grau de desigualdade social, o resultado – largamente comprovado pela história posterior – seria o progresso geral de todos, beneficiando inclusive os membros mais pobres da sociedade. Portanto, a defesa de uma ordem que permita o progresso é benéfica para todos, e não para uma classe específica.

A partir de 1849, Victor Hugo dedicou sua obra à política, à religião e à filosofia humana e social. Reformista, desejava mudar a sociedade mas não mudar de sociedade. Em 1870 Hugo retornou à França e reatou sua carreira política. Foi eleito primeiro para a Assembleia Nacional, e mais tarde para o Senado. Não aderiu à Comuna de Paris mas defendeu a anistia aos seus integrantes.

De acordo com seu último desejo, foi enterrado em um caixão humilde no Panthéon, após ter ficado vários dias exposto sob o Arco do Triunfo.

Victor Hugo deixou vários escritos sobre a ilha que o acolheu. Uma vila sem estresse que recebe todos os dias navios de cruzeiro, vindos da Europa ou do Reino Unido. Nos restaurantes, música ao vivo sempre. Nas ruas, bandas, guitarras e até quartetos femininos tocando música clássica.

E, ali, no monumento a Victor Hugo (1802-1885), destaca-se a escultura em granito de Jean Boucher, o apelo definitivo a favor da educação: "Aquele que abre uma porta de escola fecha uma prisão".

No enredo de *Os Miseráveis*, incontáveis lições que permanecem absolutamente atuais, a começar pela espinha dorsal da história, toda ela denunciando a injustiça e a luta pela prevalência da verdade.

* * *

A clássica obra de Victor Hugo ganhou popularidade mundial graças ao musical *Os Miseráveis*, extraordinária e emocionante composição musical de Claude-Michel Schönberg, libreto de Alain Boublil e letras de Herbert Kretzmer. E, sobretudo, nas mais diferentes exibições por todo o mundo, na magnífica e insuperável montagem do genial produtor inglês Cameron Anthony Mackintosh.

A primeira versão do musical deu-se em setembro de 1980, na versão teatral do diretor francês Robert Hossein, levado no Palais des Sports, em Paris. O show foi um sucesso nacional, com 100 exibições vistas por mais de meio milhão de espectadores.

Em 1982, Cameron Mackintosh contratou uma equipe de alto nível para produzir a versão inglesa. O musical estourou na Inglaterra e, depois, com a mesma produção, lotou plateias nos principais teatros do mundo.

É hoje um dos musicais mais famosos do globo. Já foi assistido por mais de 70 milhões de pessoas e recebeu 25 prêmios, sendo oito *Tony Awards*.

O homem e a mulher

por *Victor Hugo*

O homem é a mais elevada das criaturas. A mulher, o mais sublime dos ideais. Deus fez para o homem um trono; para a mulher fez um altar. O trono exalta e o altar santifica.

O homem é o cérebro; a mulher, o coração. O cérebro produz a luz; o coração produz amor. A luz fecunda; o amor ressuscita.

O homem é o gênio; a mulher é o anjo. O gênio é imensurável; o anjo é indefinível; a aspiração do homem é a suprema glória; a aspiração da mulher é a virtude extrema; a glória promove a grandeza e a virtude, a divindade.

O homem tem a supremacia; a mulher, a preferência. A supremacia significa a força; a preferência representa o direito. O homem é forte pela razão; a mulher, invencível pelas lágrimas. A razão convence e as lágrimas comovem. O homem é capaz de todos os heroísmos; a mulher, de todos os martírios. O heroísmo enobrece e o martírio purifica.

O homem pensa e a mulher sonha. Pensar é ter uma larva no cérebro; sonhar é ter na fronte uma auréola. O homem é a águia que voa; a mulher, o rouxinol que canta. Voar é dominar o espaço e cantar é conquistar a alma.

Enfim, o homem está colocado onde termina a terra; a mulher, onde começa o céu.

* * *

NAVEGAR É PRECISO! VIAJE E DESCUBRA UM MUNDO DE RIQUEZAS CULTURAIS
© Almedina, 2023

Autor Moacir Pereira
Diretor da Almedina Brasil Rodrigo Mentz
Editores Deonísio da Silva e Marco Pace
Assistentes editoriais Larissa Nogueira e Rafael Fulanetti
Estagiária de produção Laura Roberti
Revisão Roberto Ostermann
Design gráfico Valmor Fritsche
Fotografias Acervo do autor, fotos de divulgação dos órgãos oficiais do Reino Unido, Gettyimages, Freepik e sites com imagens de domínio público (wikipedia.org, photoeverywhere-co-uk)

DADOS INTERNACIONAIS DE CATALOGAÇÃO NA PUBLICAÇÃO - CIP

P436c   Pereira, Moacir

         Navegar é preciso : viaje e descubra um mundo de riquezas culturais / Moacir Pereira. São Paulo, SP : Minotauro, 2023.

         146 p. : il. 23,8 cm.

         ISBN: 978-85-63920-07-2

         1. Relatos de viagens 2. Turismo 3. Viagens - Guias 4. Viagens marítimas 5. Viagens marítimas - Obras ilustradas I. Título.

22-137155   CDD-910.45

Índices para catálogo sistemático:
1. Cruzeiros marítimos : Narrativas de viagens - 910.45
Eliete Marques da Silva - Bibliotecária - CRB-8/9380

Este livro segue as regras do novo Acordo Ortográfico da Língua Portuguesa (1990).

Todos os direitos reservados. Nenhuma parte deste livro, protegido por *copyright*, pode ser reproduzida, armazenada ou transmitida de alguma forma ou por algum meio, seja eletrônico ou mecânico, inclusive fotocópia, gravação ou qualquer sistema de armazenagem de informações, sem a permissão expressa e por escrito da editora.

EDITORA: Almedina Brasil
Rua José Maria Lisboa, 860, Conj. 131 e 132, Jardim Paulista | 01423-001 São Paulo | Brasil
editora@almedina.com.br
www.almedina.com.br